WIESBADEN

Das Kurhaus bei Nacht

WIESBADEN
DIE 99 BESONDEREN SEITEN DER STADT

entdeckt von Sabine Gruber
und Ralph Zade

mitteldeutscher verlag

Inhaltsverzeichnis

Das große Besondere 1 Altes und Neues Rathaus **9** 2 Marktkirche und Dernsches Gelände **13** 3 Kurhaus und Kurpark **17** 4 Neroberg **21** 5 Schloss und Schlosspark Biebrich **25**

Das Besondere 6 Stadtschloss **29** 7 Denkmal Wilhelms des Schweigers **31** 8 sam (Stadtmuseum) **33** 9 Altstadtschiffchen **35** 10 Mauritiusplatz **37** 11 Römertor und Heidenmauer **39** 12 Bonifatiuskirche **41** 13 Luisenplatz **43** 14 Museum Wiesbaden **45** 15 Wiesbadener Thermalquellen **47** 16 Hessisches Staatstheater und Warmer Damm **49** 17 Wilhelmstraße **51** 18 Sonnenberg **53** 19 Bierstädter Kirche **55** 20 Aukammtal/Aukammbad **57** 21 Galerie Pokusa **59** 22 Ringkirche **61** 23 Dreifaltigkeitskirche **63** 24 Lutherkirche **65** 25 Hauptbahnhof **67** 26 Landesdenkmal und Richard-Wagner-Anlage („Henkell-Park“) **69** 27 Schierstein **71** 28 St. Elisabeth **73** 29 Maria-Hilf-Kirche und die „Hilf“ **75** 30 Synagogen-Gedenkstätte, Aktives Museum Spiegelgasse **77** 31 Bergkirche und Bergkirchenviertel **79** 32 Taunusstraße **81** 33 Nerotal-Anlagen **83** 34 Nordfriedhof und Südfriedhof **85** 35 Jagdschloss Platte **87** 36 Fasanerie **89** 37 Kloster Klarenthal **91** 38 Schloss Freudenberg **93** 39 Frauenstein **95** 40 Kirche in Naurod **97** 41 AKK-Vororte **99** 42 Wiesbadener Dialekt **101** 43 Wiesbadener Küche **103**

Das kleine Besondere 44 Lumen (Restaurant) **104** 45 Caligari Filmbühne **105** 46 Café Maldaner **106** 47 Pressehaus **107** 48 Hepa-Kaffee **108** 49 Knoblauch-Denkmal **109** 50 Landesbibliothek **110** 51 Schenck'sches Haus **111** 52 Gebäude der Casino-Gesellschaft **112** 53 Brahms-Villa **113** 54 Apothekergarten **114** 55 Villa Söhnlein-Pabst **115** 56 St. Augustine of Canterbury **116** 57 Nassauischer Kunstverein **117** 58 Literaturhaus Villa Clementine **118** 59 Chocolaterie Kunder **119** 60 Nassauer Hof und Ente vom Lehel **120** 61 Café Blum **121** 62 Hessische Staatskanzlei (Hotel Rose) **122** 63 Theater im Pariser Hof **123** 64 Kaiser-Friedrich-Bad **124** 65 Antiquariat Wiederspahn **125** 66 Schwarzer Bock **126** 67 Kuckucksuhr **127** 68 Alter Friedhof **128** 69 Alte Städtische Kliniken **129** 70 Wellritzstraße **130** 71 Konditorei Gehlhaar **131** 72 Kunstarche **132** 73 Frauenmuseum **133** 74 Kunsthaus Wiesbaden **134** 75 Bobbeschänkelche (Restaurant) **135** 76 Nerostraße **136** 77 Opelbad **137** 78 Leichtweißhöhle **138** 79 Adolfsallee **139** 80 Sherry & Port (Restaurant/Tapas-Bar) **140** 81 Reisinger-/Herbert-Anlagen **141** 82 Murnau-Filmtheater **142** 83 Kulturzentrum Schlachthof **143** 84 Winzerstübchen (Restaurant) **144** 85 St. Kilian **145** 86 Niemöller-Haus **146** 87 Biebricher Allee **147** 88 Henkell Sektkellerei **148** 89 Heilig-Geist-Kirche **149** 90 Gibb (Stadtviertel) **150** 91 Dilthey-Schenke (Restaurant) **151** 92 Biebricher Museum **152** 93 Oranier-Gedächtniskirche in Biebrich **153** 94 Wagner-Villa **154** 95 Rettbergsaue **155** 96 Domäne Mechtildshausen **156** 97 Feldkapelle **157** 98 Neues Schützenhaus (Restaurant) **158** 99 Nürnberger Hof (Gaststätte/Weingut) **159**

SCHLACHTH

cher

TLICH·DES·BEI·DER·ANLAGE·DER·COYLINSTRASSE

SHERRY
&
PORT

FILMTHEA

In diesem Hause verbrachte
JOHANNES BRAHMS
den Sommer 1883 und

Das Nizza des Nordens

In seiner Glanzzeit, als Kaiser Wilhelm II. es regelmäßig besuchte, wurde Wiesbaden oft als „Nizza des Nordens" bezeichnet, denn aufgrund seiner günstigen Lage in einer Talmulde zählt es zu den wärmsten deutschen Städten, außerdem war und ist es auch eine der elegantesten. Von dem mondänen Charme, den die Stadt als Hauptstadt des Herzogtums Nassau hatte, und danach als Weltkurstadt, hat sich viel erhalten. Wie die südliche Kurstadt, in der die berühmteste Flaniermeile „Promenade des Anglais" heißt, hat auch Wiesbaden viele Beziehungen ins Ausland, nicht nur nach Russland, von wo viele Kurgäste kamen, sondern zum Beispiel auch in die Niederlande und nach Luxemburg. Nur eine Seepromenade hat es nicht, dafür in Biebrich eine Rheinpromenade und mit dem Schiersteiner Hafen einen Ort, der bei schönem Wetter fast mediterran wirkt. Wiesbaden ist, obwohl seine Heilquellen schon von den Römern genutzt wurden, und die Stadtgeschichte damit wie die Nizzas in die Antike zurückreicht, überwiegend eine Stadt des Historismus, der sich hier in allen Facetten studieren lässt. Es hatte das Glück, den Zweiten Weltkrieg nahezu unbeschadet zu überstehen und präsentiert sich daher in alter Schönheit. Zu dieser Schönheit trägt auch das Grün bei, nicht nur in zahlreichen historischen Parks, sondern auch in Stadtteilen, die sich dörflichen Charme bewahrt haben. Man kann deshalb – zum Beispiel um Frauenstein herum – auch wandern. Und sich danach auf verschiedene Art entspannen, zum Beispiel bei einem Glas Wiesbadener Wein, beim Kastaniensammeln im Biebricher Schlosspark oder beim Schwimmen im Thermalbad.

Eingangsportal des Neuen Rathauses

Renaissance trifft Neorenaissance

1

Die Wiesbadener Rathäuser – das Alte und das Neue – sind Zeugnisse vergangener Bemühungen um den Stadtausbau. Als Graf Ludwig II. zu Nassau-Weilburg-Saarbrücken (1565–1627) gemeinsam mit den Vertretern der Wiesbadener Bürgerschaft erstmals plante, die kleine Stadt Wiesbaden zu einer prächtigen Renaissancestadt auszubauen, wurde 1609/10 an zentraler Stelle nach Plänen von Valerius Baussendorff ein Rathaus im Stil der Spätrenaissance erbaut. Die Fassade des halb aus Stein, halb aus Fachwerk errichteten Gebäudes schmückten Holzreliefs der sieben christlichen Tugenden von Hans-Jacob Schütterlin aus Straßburg. Heute präsentiert sich das Alte Rathaus jedoch nicht mehr im Fachwerk, denn die Fachwerkgeschosse mussten im 19. Jahrhundert aufgrund starker Beschädigungen durch Stein ersetzt werden. Auch die Reliefs wurden durch Steinkopien ersetzt. Der Dreißigjährige Krieg bereitete dem Stadtausbau des 16. Jahrhunderts ein frühes Ende. Als eines von wenigen Gebäuden überstand das Alte Rathaus die Verwüstungen infolge des Krieges, denen sonst fast alle Gebäude der Stadt zum Opfer fielen.

Nach der Annexion Wiesbadens durch Preußen im Jahr 1866 nahm, nach dem Ausbau zu Beginn des Jahrhunderts, ein weiterer Ausbau der Weltkurstadt seinen Anfang, nicht zuletzt, weil sich die königliche (und seit 1871 kaiserliche) Familie immer wieder in der Stadt aufhielt. Das Renaissance-Gebäude des Alten Rathauses erschien jetzt als zu klein und zu wenig repräsentativ. Von 1884 bis 1887 wurde deshalb in Sichtweite des Alten Rathauses und

Das Alte Rathaus bietet oft eine schöne Kulisse für Hochzeitsfotos.

Altes Rathaus

Marktstraße 16
65183 Wiesbaden

Weinkeller Altes Rathaus

Tel.: 0611 305434
www.weinkeller-wiesbaden.de

Neues Rathaus

Schlossplatz 6
65183 Wiesbaden

Der Andechser im Ratskeller

Tel.: 0611 300023
www.derandechser-wiesbaden.de

des Stadtschlosses ein wesentlich größeres Gebäude im Stil der Neorenaissance nach Plänen von Georg von Hauberrisser, von dem auch das Münchener Rathaus stammt, errichtet. Anknüpfend an die Fassade des Alten Rathauses wurde auch die Fassade des Neuen am Balkon mit allegorischen Figuren von vier Tugenden geschmückt. Bei einem Bombenangriff während des Zweiten Weltkriegs wurde das Neue Rathaus zu größeren Teilen zerstört. Bis 1951 wurde es, nicht ganz originalgetreu, wiedererrichtet.

Als 1918 die Rheinlande besetzt worden waren, wurde gegenüber im Stadtschloss die französische Armee ansässig. 1919 wurde der Oberbürgermeister ausgewiesen, und sein Amt musste kommissarisch verwaltet werden. 1925 wurden die Franzosen durch die britische Rheinarmee abgelöst. Die französischen Armeeangehörigen waren zum Teil mit Familie nach

Wiesbaden gekommen, und Kinder wurden in Wiesbaden geboren, u. a. die Schauspielerin Simone Signoret (1921–1985), Tochter eines Übersetzers der Armee. Fast wäre Wiesbaden sogar Hauptstadt einer eigenen Republik geworden, denn im Juli 1919 riefen Adam Dorten (1880–1963) und Anhänger, von den Franzosen unterstützt, in Wiesbaden die „Rheinische Republik" aus. Ein zweiter, 1923 in Koblenz unternommener Versuch führte in Wiesbaden zu einer Rathausbesetzung. Während das Neue Rathaus immer noch Sitz des Oberbürgermeisters ist, ist im Alten Rathaus seit 1875 das Standesamt ansässig.

Marktbrunnen vor dem Alten Rathaus

Die Marktkirche von der Vorderseite

Evangelischer Dom am Markt

2

Die von sämtlichen Aussichtspunkten im Umfeld von Wiesbaden aus sofort sichtbare Marktkirche wird wegen ihrer Größe, ihrer zentralen Lage und ihrer für das Stadtbild prägenden Silhouette oft als evangelischer Dom bezeichnet. Sie hat, was den Ziegelrohbau angeht, die Friedrichswerdersche Kirche von Karl Friedrich Schinkel in Berlin zum Vorbild, unterscheidet sich von dieser allerdings dadurch, dass sie fünf Türme – einen Hauptturm über dem Eingangsportal und vier Ecktürme – besitzt. Insofern erkennt man einen Einfluss des Limburger Doms. Die Proportionen der Türme waren Gegenstand intensiver Überlegungen des Architekten, des Nassauischen Baurats Carl Boos, der sich hierzu auch schriftlich äußerte. Dass eine neue evangelische Hauptkirche – sie wurde 1852 bis 1862 als dreischiffiger neugotischer Backsteinbau ohne Querhaus errichtet und gilt als eines der Hauptbeispiele für die Baukunst des romantischen Historismus in Deutschland – erforderlich wurde, lag daran, dass die bisherige Hauptkirche, die Mauritiuskirche, 1850 abgebrannt war. Angesichts der Raumnotwendigkeiten erschien ein Neubau am Mauritiusplatz nicht sinnvoll. Die Wahl des Bauplatzes durch die Gemeinde lief den ursprünglichen Wünschen des Architekten zuwider, erwies sich im Nachhinein aber als vernünftig. Die Ornamente am Außenbau wurden von der Keramikwerkstatt Jacob Höppli geliefert, die auch für die Zierelemente an den Turmhelmen der Bonifatiuskirche verantwortlich zeichnete. Deren Firmensitz befand sich zunächst in der Dotzheimer Straße, dann – schon nach dem Kirchenbau – in einem durch Karyatiden

Marktkirche
Schlossplatz 4
65183 Wiesbaden
Tel.: 0611 9001611
www.marktkirche-wiesbaden.de

Wiesbadener Wochenmarkt
www.wiesbaden.de/wiesbadener-wochenmarkt

Das Gesamtgewicht des Glockenspiels der Kirche beträgt 21 Tonnen.

im Eingangsbereich charakteristischen Bau in der Wörthstraße gegenüber dem Frauenmuseum, wo heute eine Gedenkplakette zu sehen ist. Die Farbgebung des Innenraums, der laut Boos „lichtgrauröthlich" sein sollte, mit weißen Ornamenten und Kapitellen, wurde in den 60er Jahren rekonstruiert. Bemerkenswert ist der Statuenzyklus (Christus und die vier Evangelisten) von Emil Alexander Hopfgarten und seinem Schüler Scipione Jardella. Sehenswert sind auch die Glasfenster. Die mehrfach restaurierte Orgel, die ursprünglich von der Firma Walcker erbaut wurde, gilt als größte im Bereich der Landeskirche von Hessen und Nassau. Der Wiesbadener Markt fand über die Zeitläufte auf verschiedenen Plätzen im Bereich des heutigen Schlossplatzes statt, deren Name, Lage und Zuschnitt sich aufgrund von Veränderungen der vorhandenen Bebauung voneinander unterschieden. Heute wird der Wochenmarkt mittwochs und samstags auf dem Dern'schen Gelände abgehalten, das auf der Rückseite des Neuen Rathauses und der Marktkirche liegt. Die Verwendung des nach dem Oberforstrat Carl Friedrich Dern (1783–1863), der hier einst ein Anwesen besaß, benannten Geländes war lange Zeit umstritten und Gegenstand lebhafter politischer Auseinandersetzungen – eine Bebauung stieß auf Widerstand in der Bürgerschaft. Im ehemaligen Marktkeller befindet sich heute das sam (Stadtmuseum am Markt).

Das Dernsche Gelände

Kurhaus von der Kurparkseite aus

Von Badehäusern zum Kurviertel

3

Nachdem bereits die Römer in Wiesbaden, dem damaligen „Aquae Mattiacorum", Thermen angelegt hatten, ging das Badeleben im mittelalterlichen „Wisibada" weiter. Die Bäder befanden sich damals noch außerhalb der Innenstadt im Norden, in der Nähe des heutigen Kochbrunnens. Nach Ende des Dreißigjährigen Kriegs wurde erstmals in größerem Stil versucht, für die Wiesbadener Bäder zu werben, um der verödeten Stadt Einnahmequellen zu verschaffen. Die bis dahin übliche Badekur wurde seit dem 18. Jahrhundert durch Trinkkuren ergänzt. Nachdem Wiesbaden 1806 Hauptstadt des Herzogtums Nassau geworden war, begann unter der Leitung von Christian Zais ein umfangreicher klassizistischer Stadtausbau. Traditionelle Badehäuser wurden zu Hotels ausgebaut oder durch solche ersetzt.

Ein Höhepunkt des Stadtausbaus war der Bau eines Kurhauses in den Jahren 1808 bis 1810 nach Plänen von Christian Zais. Das Kurviertel verlagerte sich dadurch von der Gegend des Kochbrunnens an den damaligen Stadtrand auf die andere Seite der Wilhelmstraße. Das Kurhaus schmückte ein Säulenportikus, neben dem links und rechts Kolonnaden verliefen, den großen Kursaal korinthische Säulen. Bereits im Eröffnungsjahr bot das Kurhaus die Möglichkeit zum Glücksspiel, wovon Dostojewski, an den am Nizza-Plätzchen im Kurpark eine Büste erinnert, bei seinen Besuchen in Wiesbaden 1862, 1863 und 1865 so reichlichen Gebrauch machte, dass er hinterher bankrott war. Ob mit „Roulettenburg" in seinem Roman „Der Spieler" (1866) Wiesbaden gemeint ist, ist freilich

Kaiser Wilhelm II. empörte sich über die Jugendstil-Malereien im Muschelsaal.

Kurhaus Wiesbaden
Kurhausplatz 1
65189 Wiesbaden

Lambertus (Brasserie)
Kurhaus Wiesbaden
Tel.: 0611 536200
www.kuffler.de/de/wiesbaden/lambertus/

unklar. Goethe stattete Wiesbaden und dem Kurhaus schon 1814/15 Besuche ab, spielte dort aber nicht, sondern traf sich mit Marianne von Willemer. 1872 bis 1948 war das Glücksspiel verboten. Gleich nach der Eröffnung des Kurhauses wurde dahinter der Kurpark angelegt und 1855/56 von Carl Friedrich Thelemann erweitert. Er reicht heute mit den Kuranlagen über 3 Kilometer bis nach Sonnenberg. 1856 gestaltete Theodor Goetz die Brunnen auf dem Bowling Green vor dem Kurhaus.
Als Wiesbaden in der Gründerzeit stark gewachsen war und der Kurbetrieb stetig zunahm, empfand man das Kurhaus von 1810 als zu klein und zu wenig luxuriös. 1902 wurde deshalb Friedrich von Thiersch mit dem Entwurf eines neuen Kurhauses betraut, wobei er die Auflage berücksichtigen musste, den alten Kursaal zu integrieren. 1907 wurde das neue Gebäude eröffnet. Bei der Gestaltung des Äußeren knüpfte Thiersch an

das alte Kurhaus an und gab auch dem Neuen Kurhaus ein (neo-)klassizistisches Erscheinungsbild. Die Westfassade ziert ein Portikus aus ionischen Säulen, rechts und links umschließen Kolonnaden das Bowling Green. Im Zentrum der Räume steht die Wandelhalle mit ihrer hohen Kuppel. Rechts und links schließen sich Säle an, darunter der rekonstruierte Zais-Saal aus dem alten Kurhaus und der größte, heute nach dem Erbauer benannte und für Konzerte genutzte Thiersch-Saal. An das alte Kurhaus erinnern zwei Säulen am Nizza-Plätzchen.

Ein Blickfang – die Fontäne im Kurpark

Wiesbadens Aussichtsberg

4

Nerobergbahn
Wilhelminen-
straße 51
65193 Wiesbaden
www.eswe-verkehr.
de/nerobergbahn

Russische Kirche
Christian-Spielmann-
Weg 2
65193 Wiesbaden
Tel.: 0611 528494

Man kann zu Fuß durch den Wald auf den Neroberg hinaufwandern, Wiesbadens 245 Meter hohen Hausberg, der nichts mit Kaiser Nero zu tun hat – der Name leitet sich entweder vom Neresbach (Schwarzbach) her oder von „Ersberg", verballhornt zu „Mersberg"; der jetzige Name hat sich erst vor etwa 100 Jahren eingebürgert. Bequemer und nostalgischer ist es aber, die Nerobergbahn zu nehmen. Die im Dreikaiserjahr 1888 erbaute Bahn wird mit Wasser betrieben, in der Form, dass in einen Tank der auf dem Berg stehenden Bahn so viel Wasser eingefüllt wird, wie an Gewicht nötig ist, um den Wagen unten am Berg nach oben zu ziehen – bis zu 7.000 Liter. Es sind 440 Meter zu bewältigen, bei bis zu 25 Prozent Steigung. Schon diese Fahrt bietet schöne Ausblicke – noch schöner ist der Ausblick von oben, vom Nerobergtempel aus, der 1851 von Philipp Hoffmann erbaut wurde. Bei klarem Wetter macht es keine Mühe, die Kirchen im Tal zu identifizieren, allen voran die Marktkirche. Größte Sehenswürdigkeit auf dem Berg ist die Griechische Kapelle, teils auch Russische Kirche genannt – das trifft ihren Charakter besser. Als 1845, kaum ein Jahr nach der Hochzeit, die russische Ehefrau des Herzogs Adolph, Elisaweta Michailowna Romanowa, eine Zarenenkelin, im Kindbett starb, gemeinsam mit ihrem Kind, ließ dieser, finanziert aus ihrer Mitgift, die Kapelle bauen, in der Frau und Kind begraben wurden. Der Standort war so gewählt, dass Adolph die Kapelle mit den vergoldeten Turmkuppeln von seiner Residenz aus sehen konnte. Der Architekt Philipp Hoffmann wurde durch den Herzog eigens

Auf dem Neroberg liegt eines der ganz wenigen innerstädtischen Weinanbaugebiete Deutschlands.

Löwenskulptur am Aussichtspunkt

nach Russland geschickt, um dortige Kirchenbauten zu studieren. Die Kapelle, deren Marmorinnenausstattung beeindruckt, ist bis heute Kirche einer aktiven russischen Gemeinde. Das Grabmal der Herzogin ist dem Sarkophag Luises von Preußen nachempfunden. Neben der Kapelle liegt der 1856 eröffnete älteste russische Friedhof Deutschlands, auf dem man die Beziehungen Wiesbadens zu Russland studieren kann, die weit über die genannte Ehe hinausgingen. Hierzu informieren an der Friedhofsumzäunung angebrachte Schautafeln. Der bekannteste Russe in Wiesbaden war sicher Dostojewski, der aber keinen Bezug zum Friedhof hat. Unter den hier Begrabenen ist der Bekannteste der Maler Alexej von Jawlensky. An den Gräbern auf dem mehrfach erweiterten Friedhof lässt sich viel Geschichte ablesen. In den ersten Jahren des Bestehens wurden hier russische und deutsch-baltische Adlige und Politiker begraben, nach der russischen Revolution Emigranten und auch einige Zwangsarbeiter aus der Zeit des Zweiten Weltkriegs. Wer nach den Kulturerlebnissen eine sportliche Herausforderung sucht, der kann sie im Kletterwald Neroberg finden. Auf dem Berg wird auch Wein (in erster Linie Riesling) angebaut, und das schon seit dem 16. Jahrhundert. Das Weingut wird allerdings seit 2005 nicht mehr städtisch verwaltet, sondern von den Hessischen Staatsweingütern.

Die Nerobergbahn

Prächtiger Treppenaufgang

Residenz der Nassauer

5

Schloss Biebrich
Rheingaustraße 140
65203 Wiesbaden
Kontakt für Sonderführungen:
Manfred Stern
Tel.: 0611 806823
https://lbih.hessen.de/leistungen/burgen-und-schlösser/schloss-biebrich

Den besten Blick auf die barocke Schlossanlage in Biebrich, die wohl größte Sehenswürdigkeit Wiesbadens (zu dem Biebrich allerdings erst seit 1926 gehört), hat man von einem Schiff auf dem Rhein aus. Die Rheinfront des Schlosses, das 1744 bis 1866 Residenzschloss der Fürsten (ab 1806: Herzöge) von Nassau war, lässt sich so in ihrer ganzen Breite einsehen. Der Schlosspark auf der anderen Seite, der genauso sehenswert ist wie das Schloss selbst, bleibt auf diese Weise allerdings zunächst verborgen.

Die Baugeschichte des Schlosses ist unübersichtlich; der Bau vollzog sich schrittweise. Zuerst stand hier an der Wende des 17. zum 18. Jahrhundert ein Gartenhäuschen, aus dem dann ein kleines Lustschlösschen wurde, dem ein zweiter, identischer Pavillon folgte. Von einem Schloss im eigentlichen Sinn konnte man erst dann sprechen, als der Baumeister Maximilian von Welsch 1707 bis 1718 eine Rotunde nach Vorbildern des Wiener Architekten Bernhard Fischer von Erlach in die Mitte zwischen den Pavillons setzte und die drei Bauten durch Galerien verband, erläutert Bernhard Gläser, Schlossführer vom Biebricher Verschönerungs- und Verkehrsverein. Die Galerien, so Gläser weiter, wurden dann aufgestockt. Bereits 1734 bis 1736 wurde die Schlossanlage durch einen Ostflügel (Marstall) und zwischen 1740 und 1744 durch einen, Wohnzwecken dienenden, Westflügel erweitert. Auch Goethe war hier zu Besuch und schrieb in einem Brief vom 8. August 1814: „Gestern war ich in Biebrich zur Tafel … Der Gesellschaftssaal eine Gallerie,

Jedes Jahr findet im Schlosspark das Biebricher Pfingstturnier – ein Reitturnier – statt.

Schloss Biebrich vom Rhein aus

man sieht an einer Seite den Rhein, an der andern den Lustgarten. Es ist völlig ein Mährchen." Eine Innenbesichtigung des Schlosses, in dem auch Repräsentationsräume gemietet werden können, ist heute etwa einmal im Monat im Rahmen einer Führung (Gruppenführungen auf Anmeldung) möglich.
Auch der Park hat im Verlauf seiner Existenz verschiedene Veränderungen erfahren. Ehemals befand sich hier eine barocke Gartenanlage. 1817 wurde unter der Leitung von Friedrich Ludwig von Sckell mit der Umwandlung in einen englischen Landschaftsgarten begonnen. Im Park, der sich durch seinen alten Baumbestand auszeichnet, ging, wie Bernhard Gläser zu berichten weiß, der 1839 bis 1866 regierende Herzog Adolph gern pfeiferauchend spazieren. Ab Anfang der 40er Jahre hielt er sich dann allerdings häufiger im neu entstandenen Stadtschloss auf. Eine der Attraktionen des Parks ist die 1805 in ro-

mantischem Geist als künstliche Burgruine errichtete Mosburg, deren Vorläufer eine mittelalterliche Wasserburg war. Kommt man zur richtigen Zeit im Herbst, so kann man in der Kastanienallee Esskastanien sammeln. Charakteristisch für den Schlosspark sind auch die grünen „Papageien" – Halsbandsittiche, die teils recht lautstark auf sich aufmerksam machen.
Nicht vollständig ist ein Besuch des Schlosses ohne einen Spaziergang auf der vor diesem gelegenen Rheinpromenade. Hier verläuft auch der Rheinsteig, auf dem man am Rhein bis Bonn wandern kann.

Keine echte Ruine – die Mosburg

Früher Schloss – heute Landtag

Von der Residenz zum Parlamentssitz

6

Stadtschloss Wiesbaden
(Hessischer Landtag)
Schlossplatz 1–3
65183 Wiesbaden

Führungen Hessischer Landtag
Tel.: 0611 350294
https://hessischer-landtag.de/content/führungen

Für ein Schloss macht er äußerlich einen bescheidenen Eindruck, der dreistöckige klassizistische, von Georg Moller entworfene Bau, der sich bruchlos in die Umgebung einfügt und Klischees von Schlössern nicht unbedingt entspricht. Innen war die Ausstattung dagegen prächtig, einige sehenswerte historische Säle sind erhalten, allerdings nur bei Führungen zugänglich. Das zweiflüglige Gebäude wurde 1837 bis 1841 als Stadtresidenz der Herzöge von Nassau erbaut. Bauherr war Wilhelm I. von Nassau, der dann aber verstarb, sodass sein Sohn Adolph einzog, der im Winter hier, im Sommer im Schloss Biebrich residierte. Der Ort ist äußerst zentral und hat auch Tradition, denn hier – exakte Lage und Ausdehnung sind unbekannt – gab es vermutlich schon im Mittelalter eine Burg der Grafen von Nassau.

Nach dem Anschluss Wiesbadens an Preußen 1866 wurde das Schloss durch König Wilhelm I. von Preußen – ab 1871 deutscher Kaiser – und seinen Enkel Wilhelm II. genutzt. Wilhelm II. liebte Wiesbaden und wohnte teils mehrfach im Jahr bei seinen Besuchen hier. Als die Monarchie endete, zog kurzzeitig ein Arbeiter- und Soldatenrat, dann die französische Besatzungsmacht ein, auf die 1925 die britische folgte. Das Ende der Besetzung Wiesbadens 1930 brachte zivile Nutzungen, und während des Zweiten Weltkriegs zog die Wehrmacht ein, nach dem Krieg das alliierte Oberkommando. Seit 1946 ist der Bau Sitz des Landtags von Hessen, der auch mehrere benachbarte Gebäude nutzt.

Kaiser Wilhelm II. war hier häufig anzutreffen.

WILHELM I.

Verteidiger des evangelischen Glaubens

7

Denkmal Wilhelms des Schweigers
Vor der Marktkirche

Am 15. Mai 1908 wurde es in Gegenwart eines anderen Wilhelms – Kaiser Wilhelms II. – eingeweiht, das Denkmal des in Wiesbaden meist „Wilhelm der Schweiger" genannten Statthalters der Niederlande, Wilhelms von Oranien (1533–1584). Der Befreier der Niederlande von der Herrschaft der katholischen Spanier, der, wie die Inschrift sagt, für seinen evangelischen Glauben fiel (nämlich Opfer eines Attentats wurde), mag Wilhelm II., der auch Oberhaupt der evangelisch-unierten Kirche war, als Glaubenskämpfer erschienen sein. Das Denkmal, Abguss eines in Berlin stehenden und im Krieg zerstörten Originals von Walter Schott, symbolisiert aber auch die Verbindungen Wiesbadens zu den Niederlanden. Wilhelm gehörte nämlich dem Haus Nassau(-Dillenburg) an und ist insofern verwandt mit den Wiesbadener Nassauern, die freilich einer anderen Linie angehörten (die ab 1816 regierenden Herzöge der von Nassau-Weilburg). Die dynastische Verbindung führt dazu, dass das heutige niederländische Königspaar bei Staatsbesuchen gern auch einmal nach Wiesbaden kommt. Ein weiterer Niederlande-Bezug Wiesbadens besteht darin, dass der größte niederländische Romanautor des 19. Jahrhunderts von 1870 bis 1879 hier lebte: Multatuli („Viel hab' ich ertragen", ein Pseudonym von Edward Douwes Dekker [1820–1887]) ist vor allem für seinen kolonialismuskritischen Roman „Max Havelaar" bekannt. Sein Roman „Millionen-Studien" (1872) ist großenteils in Wiesbaden angesiedelt.

Die Verbindungen zu den Niederlanden sind traditionell eng.

sam
sam
sam STADTMUSEUM AM MARKT
INDUSTRIE UND HOLOCAUST
8.8.18 – 27.1.19
PAULANER

Im Marktkeller

8

sam - Stadtmuseum am Markt
Marktplatz 3
65183 Wiesbaden
Tel.: 0611 44750060
www.wiesbaden.de/sam

Es existiert erst seit dem 11. September 2016 – das *sam*, wie das Stadtmuseum am Markt abgekürzt wird. Der Gründung des Stadtmuseums gingen lange politische Auseinandersetzungen um Finanzierung und Standort voraus, und man konnte schon meinen, es würde nicht mehr zustande kommen. Doch nun ist es da, und es liegt in der Mitte der Stadt, im historischen Marktkeller. Dieser wurde 1900 von Felix Genzmer erbaut. Als der Markt zwischenzeitlich auf die Vorderseite des Neuen Rathauses verlegt wurde, verlor er in den 1950er Jahren seine Funktion. Nun stehen hier 1.300 Quadratmeter dem Museum zur Verfügung.

Sammlungsbereiche sind die Sammlung Nassauischer Altertümer (SNA) und die Sammlung Kultur- und Alltagsgeschichte. Die Dauerausstellung zeigt in weißen Vitrinen verschiedenste Exponate von der Vorgeschichte bis heute und ist didaktisch gut aufbereitet. Eine Besonderheit sind die „Lieblingsstücke", zu denen Wiesbadener Bürger als Paten in kurzen Videos Hintergrundinformationen geben. Auch die Besucher können (innerhalb einer Vorauswahl) über Lieblingsstücke abstimmen und so mitbestimmen, was ausgestellt wird. Auf Museumspädagogik wird hier großer Wert gelegt, was man auch an der Kinderausstellung sieht, die auf spielerische Art Wissen vermitteln will. Die verschiedenen Teile der Dauerausstellung werden durch regelmäßige Wechselausstellungen ergänzt, die historischen Themen mit oder ohne Wiesbaden-Bezug gewidmet sind.

Die Dauerausstellung bietet einen Überblick über die Wiesbadener Stadtgeschichte.

Im Altstadtschiffchen mit Bäckerbrunnen

Straße zum Einkehren und Einkaufen

Bevor Wiesbaden Weltkurstadt wurde

9

In der Wagemannstraße und der Grabenstraße, die zusammen eine an ein Schiff erinnernde Form bilden, und deshalb als „Altstadtschiffchen" bezeichnet werden, bekommt man noch eine Ahnung davon, wie Wiesbaden aussah, bevor es zur Weltkurstadt ausgebaut wurde. Hier findet man neben Häusern aus der Gründerzeit noch einzelne niedrigere Häuser aus früheren Zeiten, als die Straßen von Händlern und Handwerkern bewohnt waren. Das spätbarocke Haus der aus Norditalien zugewanderten Händlerfamilie Cetto von 1728 (Wagemannstraße 5–7) ist das älteste. Früher hieß die Wagemannstraße, eine der ältesten Straßen der Stadt, Metzgergasse, eine Zeitlang auch Judengasse, weil sich hier mehrere jüdische Familien angesiedelt hatten. Auch eine kleine Synagoge gab es. Nach dem Zweiten Weltkrieg wurde das Viertel zum Wiesbadener Rotlichtviertel.
Heute ist das Altstadtschiffchen eine der Wiesbadener Gegenden mit der höchsten Restaurantdichte, und einige der Restaurants haben eine lange Tradition. In einem 200 Jahre alten kleinen Haus in der Grabenstraße 18 befindet sich seit 1888 das Weinhaus Kögler, wo man heute noch Rheingauer und deutsche Küche und Weine genießen kann, vorher kehrte schon Dostojewski hier ein, und in der Wagemannstraße 9 bietet „Der Eimer" seit 1884 hessische Küche und Wein an (Bier erst seit 1988). Mit dem Bäckerbrunnen in einem 1906 errichteten Häuschen verfügt das „Altstadtschiffchen" auch über eine öffentliche Thermalquelle.

In den 70er Jahren wurde das Altstadtschiffchen saniert.

Weinhaus Kögler
Grabenstraße 18
65183 Wiesbaden
Tel.: 0611 376737
www.weinhauskögler.de

Binger Weinstube „Der Eimer"
Patrizia Scherer
Wagemannstraße 9
65183 Wiesbaden
Tel.: 0611 53251492
www.eimer-wiesbaden.de

Umrisse der zerstörten Kirche

Der Mauritiusplatz heute

Verschwundene Kirche

10

Jahrhundertelang hatte Wiesbaden nur eine Kirche, die auf das frühe Mittelalter zurückgehende Mauritiuskirche. An sie erinnern heute mehrere Namen von Straßen und Plätzen: die Kirchgasse, die Mauritiusstraße und der Mauritiusplatz, in dessen Mitte die Kirche bis zu dem schweren Brand im Sommer 1850, bei dem sie zerstört wurde, stand. Eine erste Kirche an diesem Ort gab es seit dem 8. Jahrhundert, sie wurde im 10. Jahrhundert durch eine größere ersetzt. Im 14. Jahrhundert baute man am selben Ort erneut: diesmal eine gotische Kirche. Ein weiterer, ebenfalls gotischer Neubau, der in den folgenden Jahrhunderten mehrfach umgebaut wurde, entstand zwischen 1488 und 1521. Ob bereits die früheste Kirche dem römischen Märtyrer Mauritius geweiht war, ist unklar. Seit 1543 hatte die Mauritiuskirche einen lutherischen Pfarrer. Rund um die Kirche befand sich bis 1690 auch der Städtische Friedhof.

Eine Tür und Bilder der Mauritiuskirche sind im Stadtmuseum zu sehen.

Als die Kirche nach dem Brand abgetragen wurde, kamen nicht nur die Mauern der Vorgängerkirchen, sondern auch römische Mauern und Überbleibsel zum Vorschein. Heute liegt der Mauritiusplatz im Herzen der Wiesbadener Fußgängerzone, umgeben von Geschäften, Imbissen und Restaurants. In den vergangenen Jahren wurde er städtebaulich aufgewertet und mit einem modernen Brunnen und einem Café versehen, und es erinnern drei Plaketten an die verschwundene Kirche. In der Adventszeit wird auf dem Platz das Wiesbadener Riesenrad aufgebaut.

Nicht ganz original – das Römertor

Römische Zeugnisse

11

… liegen in Wiesbaden vorwiegend versteckt im Boden. Das Gebiet der Stadt war zwar seit dem Neolithikum bewohnt, doch erst die Römer entdeckten es als Kurort. Zunächst wurde hier zwischen 6 und 16 n. Chr. ein Kastell angelegt, um das Jahr 100 folgte eine zivile Siedlung. Den römischen Namen Wiesbadens, „Aquae Mattiacorum" (Quellen der Mattiaker, eines Teilstamms der Chatten), bezeugt ein in Mainz-Kastel gefundener Meilenstein aus dem Jahr 122. Auch Plinius der Ältere, als Soldat um 50 n. Chr. in Mainz stationiert, erwähnt die Quellen in seinem Werk „Naturalis historia". Seit dem 18. Jahrhundert wurden immer wieder römische Überreste gefunden: Kastelle, Gräber, Skulpturen, Thermen, die größte davon am Kranzplatz beim Bau des Palasthotels, dessen Gebäude (jetzt kein Hotel mehr) dort noch steht. Kaiser Wilhelm II. konnte seine Idee, die Thermen trotz des Hotelbaus zu erhalten, nicht realisieren.

Der Verlauf der Langgasse entspricht dem der römischen Via maxima.

Über der Erde sind im Stadtbild nur die Heidenmauer mit dem erst 1903 errichteten Römertor zu sehen, das die Coulinstraße überspannt, und auf der gegenüberliegenden Straßenseite einige Repliken römischer Grabsteine. Die wohl aus dem 4. Jahrhundert stammende Heidenmauer war früher länger und in die Stadtmauer integriert worden. Ihre vorherige Funktion ist unklar. Sie ist das älteste erhaltene Bauwerk Wiesbadens. An der Heidenmauer befand sich seit Ende des 16. Jahrhunderts der Armenfriedhof und seit 1690 der städtische Friedhof.

Erste katholische Kirche seit der Reformation

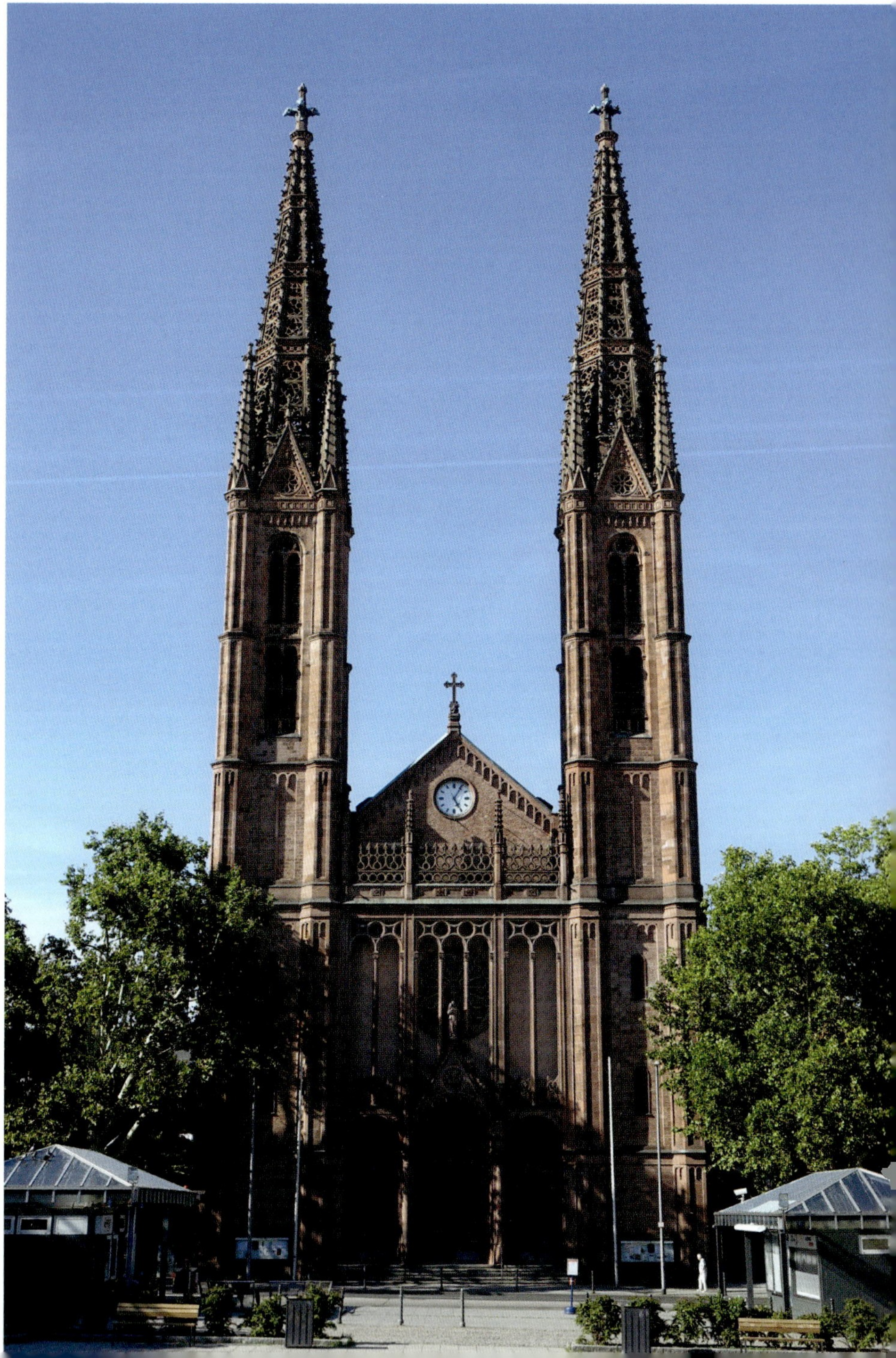

Das Herz des katholischen Wiesbaden

12

Bonifatiuskirche
Luisenstraße 33
65185 Wiesbaden
Tel.: 0611 34189600
www.bonifatius-wiesbaden.de

Die beiden Türme der am Ende des Luisenplatzes gelegenen Bonifatiuskirche haben mittlerweile ikonischen Charakter und sind eines der Bilder, die man nach einem Wiesbaden-Besuch im Kopf behält. Dabei waren sie, als die Kirche 1849 geweiht wurde, noch gar nicht vorhanden und wurden erst 1866 errichtet. Entworfen hat die Kirche, die die älteste in der Innenstadt ist und an die Stelle eines eingestürzten Vorgängerbaus trat, Philipp Hoffmann, der auch die Griechische Kapelle auf dem Neroberg erbaute. „Der Bau vereint neogotische und neoromanische Elemente", erläutert der leitende Pfarrer Klaus Nebel, der wie alle Inhaber dieses Amtes gleichzeitig Stadtdekan ist. Für eine gotische Kirche sei die Bonifatiuskirche eigentlich zu breit.

Die rote Sandsteinfassade dominiert den Platz.

Die Kirche sei, so Nebel weiter, die Stadtkirche, in der zentrale Veranstaltungen stattfänden, mit einer sehr internationalen Gemeinde. Die Gottesdienste seien stets sehr gut besucht, wozu auch die gute Kirchenmusik einen Teil beitrage. Der Innenraum der dreischiffigen Hallenkirche wurde nach dem Zweiten Vatikanum grundlegend umgestaltet; der Hauptaltar steht seit 1967 auf einem Podest aus rotem Marmor in der Vierung. Unter den Kunstwerken weist Nebel auf das Bild des Heiligen Bonifatius von dem Düsseldorfer Maler Alfred Rethel (1818–1859) hin. Bemerkenswert ist auch das Marienbild von Edward von Steinle (1810–1886), einem Freund Clemens Brentanos. Die Skulpturen im Innenraum stammen von Karl Hoffmann (1816–1872).

Waterloo-Denkmal

Klassizistische Häuser

Klassizistische Platzanlage

13

Luisenplatz
65185 Wiesbaden

Der wohl schönste Platz in Wiesbaden ist der nach Herzogin Luise zu Nassau (1794–1825), der Frau Wilhelms I., benannte, um 1830 angelegte Luisenplatz. Das liegt daran, dass die von der Bonifatiuskirche dominierte klassizistische Platzanlage nahezu lückenlos erhalten ist. Nur die beiden Buswartehäuschen – etwa zwei Drittel der Wiesbadener Buslinien fahren am Platzrand vor der Kirche – durchbrechen den einheitlichen Eindruck ein wenig. Ursprünglich sollte an der Stelle der Bonifatiuskirche das Stadtschloss gebaut werden, dann hätte es über die Adolfstraße, die Adolfsallee und die Biebricher Allee als Verlängerungen des Platzes eine direkte Achse nach Biebrich und zum dortigen Residenzschloss gegeben, die beide Residenzen direkt verbunden hätte. Daraus wurde nichts, was der Schönheit des Platzes aber keinen Abbruch tut.

Parkende Autos sind – anders als noch in den 70er Jahren – in eine Tiefgarage verbannt.

Hier findet man auch einige sehenswerte Einzelbauten, darunter die Alte Münze auf der Ost- und das ehemalige Pädagogium auf der Westseite – früher hatte in Letzterem einmal das älteste Wiesbadener Gymnasium seinen Sitz. Beide Bauten werden heute durch das hessische Kultusministerium genutzt. An kriegerische Zeiten erinnern zwei Denkmäler: ein Obelisk zu Ehren der 1815 bei Waterloo gefallenen Nassauer, erbaut zum 50. Jahrestag der Schlacht, und das Oranier-Denkmal, eine Pferdeskulptur, die an das 1. Nassauische Artillerie-Regiment Nr. 27 Oranien erinnert, das im Ersten Weltkrieg kämpfte.

Museum für Kunst und Naturkunde

Nach einer Idee von Bettine von Arnim

Auf Anregung Goethes

14

Museum Wiesbaden
Friedrich-Ebert-Allee 2
65185 Wiesbaden
Tel.: 0611 3352250
https://museum-wiesbaden.de

... veräußerte der Sammler Johann Isaac von Gerning (1767–1837), seine Sammlungen an das Herzogtum Nassau. Diese wurden dann später zur Keimzelle des Museums. Heute steht – wohl nicht nur deshalb – eine Goethe-Statue von Hermann Hahn nach einer Bildidee von Bettine von Arnim vor der Freitreppe. Zunächst gab es drei Museen: ein altertumskundlich-historisches, ein naturkundliches und eine Kunstsammlung. 1900 wurden diese – immer wieder erweiterten – Sammlungen städtisches Eigentum und ab 1920 in dem heute noch bestehenden symmetrischen neoklassizistischen Museumsbau von Theodor Fischer ausgestellt. Aktuell hat das Museum, das – nachdem die Amerikaner hier nach dem Zweiten Weltkrieg eine Sammelstelle für dislozierte Kunstwerke, den „Central Collecting Point", eingerichtet hatten – in den 50er und 60er Jahren wiederaufgebaut wurde, nur noch zwei Abteilungen: die Kunstsammlung und die naturkundliche Abteilung.

2007 wurde das Museum als Museum des Jahres ausgezeichnet.

Ein Höhepunkt ist die weltweit wichtigste Sammlung zu Alexej von Jawlensky (1865–1941), der lange Jahre in Wiesbaden wohnte und auf dem Russischen Friedhof begraben liegt. Sehenswert sind auch die Sammlung konstruktivistischer Kunst und die kleine aber feine Sammlung Alter Meister – zum Beispiel von Barockgemälden der neapolitanischen Schule, was vor einigen Jahren zu einer Ausstellung hierzu Anlass gab. Überhaupt sind die Sonderausstellungen, die oft auch moderne Kunst zum Thema haben, ein Anziehungspunkt weit über Wiesbaden hinaus.

67,5 Grad heiß – der Kochbrunnen

Hier holten Bäcker Wasser – der Bäckerbrunnen

Heiß und mineralisch

15

Schützenhofquelle
Schützenhofstraße 3
65183 Wiesbaden
(Weitere Koordinaten siehe Text)

Die Wiesbadener Thermalquellen waren teils schon zu frühgeschichtlichen Zeiten bekannt und wurden dann von den Römern genutzt. Sie sind auch heute noch – nachdem sich der Kurbetrieb ins Aukammtal verlagert hat (wo das dortige Thermalbad ebenfalls von einer solchen Quelle gespeist wird) – eine Attraktion im Stadtgebiet, auch wenn sie weniger als Heilquellen genutzt werden denn als Touristenattraktion. Die wichtigste davon ist der Kochbrunnen am Kranzplatz unter einer 1912 erbauten Trinkhalle. 1966 wurde eine Tiefenbohrung vorgenommen, wodurch die Wassertemperatur von 37 auf 67,5 Grad Celsius stieg. Das Wasser lässt sich angenehm trinken und ist wie das fast aller Wiesbadener Quellen stark mineralisch, sodass es zum Durstlöschen nicht geeignet ist. In der Nähe der Kaiser-Friedrich-Therme – die sie speist – liegt die, wie bei einer Bohrung gefundene Überreste belegen, schon im Jungpaläolithikum genutzte Adlerquelle. Die Schützenhofquelle im Südwesten davon hat 47 Grad heißes Wasser. Die Drei-Lilien-Quelle auf der Rückseite des Hotels Schwarzer Bock wurde nach Sanierungsarbeiten 2011 wieder der Öffentlichkeit zugänglich gemacht. Der Faulbrunnen am Platz der Deutschen Einheit hat nur 17 Grad warmes Wasser und verdankt seinen Namen seinem Schwefelgeruch. Der Bäckerbrunnen in der Grabenstraße 28 heißt so, weil sich im Mittelalter hier Bäcker Wasser für ihren Brotteig holten; seine heutige Fassung stammt aus dem Jahre 1906.

Es empfiehlt sich, einen hitzefesten Trinkbecher mitzunehmen.

Unter der Kolonnade – Eingang zum Staatstheater

Der Warme Damm mit dem Theater

Theater am Landschaftspark

16

Wie vieles andere in Wiesbaden hat das Hessische Staatstheater, ursprünglich Neues königliches Hoftheater genannt, viel mit Kaiser Wilhelm II. zu tun. Er initiierte den von Ferdinand Fellner und Hermann Helmer entworfenen neobarocken Bau, er war bei der Eröffnung 1894 anwesend, und bis heute erinnert die Kaiserloge an ihn, in der heute auch Normalsterbliche zu durchaus erschwinglichen Preisen sitzen können. Außerdem wurden die traditionellen jährlichen Maifestspiele auf diesen Monat gelegt, weil im Mai stets der Kaiser in Wiesbaden war.

Hessisches Staatstheater Wiesbaden
Christian-Zais-Straße 3
65189 Wiesbaden
Tel.: 0611 132325
www.staatstheater-wiesbaden.de

Das größte Theater Wiesbadens, mit Eingang unter der Kolonnade am Bowling Green vor dem Kurhaus und prunkvoller Schauseite zum Warmen Damm hin, hat heute fünf Sparten: Oper, Ballett, Schauspiel, Junges Staatstheater und Konzert, und vier Bühnen, darunter eine externe in der Wartburg, einem Gründerzeitbau in der Schwalbacher Straße.

Der Warme Damm wurde von Hofgartendirektor Carl Friedrich Thelemann geplant.

Der Warme Damm, der an das Theater und die Wilhelmstraße grenzende Landschaftspark mit einem Weiher, an dessen Ufer sich zahlreiche Nilgänse tummeln, heißt nach einer alten Stadtbefestigung so. Diese grenzte an den Warmen Weiher, in den Wasser aus den Thermalquellen abgeleitet wurde. Der Park wurde 1859/60 im Stil eines englischen Landschaftsgartens angelegt. Der Baumbestand umfasst auch exotische Bäume, allerdings nicht mehr so viele Spezies wie früher. Ein Kaiserdenkmal im Park zeigt nicht Wilhelm II., sondern seinen Großvater Wilhelm I.

Das Erbprinzenpalais von Christian Zais

Historistische Häuser in der Wilhelmstraße

Flaniermeile und Verkehrsachse

17

Erbprinzenpalais
Wilhelm-
straße 24–26
65183 Wiesbaden

Wilhelmstraßenfest
www.wiesbaden.de/
theatrium

Wiesbaden hat Bezüge zu mehreren Wilhelms, nach denen man eine Straße hätte benennen können, etwa zu den Kaisern Wilhelm I. und Wilhelm II. oder zu Wilhelm von Oranien. Benannt ist die Wilhelmstraße aber nach Wilhelm I. von Nassau-Weilburg. Die Allee, mit deren Anlage 1810 begonnen wurde, heißt schon seit 1820 so, als ebendieser Wilhelm das Herzogtum Nassau regierte. Sie bildet die Grenze des Historischen Fünfecks und ist nur zur Innenstadt hin durchgehend bebaut, während auf der anderen Seite Villen, zum Teil aber auch Kuranlagen und Parks wie der Warme Damm liegen. Bekannt ist sie als Flaniermeile – an der einen, innenstadtabgewandten Seite zum Entspannen, auf der anderen eher zum Shoppen, denn es gibt hier viele – oft recht noble – Läden. Auch einige Cafés gibt es noch, allerdings eher an den Enden, denn die Wilhelmstraße ist auch eine Hauptverkehrsstraße und kann deshalb partiell laut sein. Außerdem finden sich hier Traditionshotels, vor allem der Nassauer Hof – das von Wiesbadens vielleicht bedeutendstem Architekten, Christian Zais (1770–1820), erbaute Hotel „Vier Jahreszeiten" fiel 1945 einem Bombenangriff zum Opfer. Ein anderes Bauwerk von Zais, das 1813 bis 1817 errichtete klassizistische Erbprinzenpalais, das für den genannten Wilhelm erbaut wurde, der es dann aber kaum nutzte, weil er schon 1816 Herzog wurde und nach Biebrich zog, kann man noch bewundern. Heute residiert hier kein Erbprinz mehr, sondern die IHK.

Jedes Jahr am zweiten Juniwochenende findet das Wilhelmstraßenfest statt.

Von überall sichtbar – der Bergfried

Oben auf der Burg

Unter der Burg

18

Sonnenberg ist einer der Wiesbadener Ortsbezirke, die ein eigenständiges Vorleben haben und erst im 20. Jahrhundert eingemeindet wurden (1926). Mit dem 1928 eingemeindeten Frauenstein hat es gemeinsam, dass Keimzelle der Siedlung eine Burg war, die auf einer Erhebung über dem Ort steht und eine bewegte Geschichte hatte. Die Burg Sonnenberg, erbaut um 1200, ist – obwohl inzwischen Ruine – auch heute noch prägend und ihr Bergfried von Weitem sichtbar. Von einer Plattform unterhalb des Turms aus hat man schöne Ausblicke. Das kleine Burgmuseum ist derzeit leider nur sporadisch geöffnet. Von den mittelalterlichen Ortsstrukturen sind außerdem noch größere Teile der Stadtmauer übrig. Historisch bedeutsam ist auch die Thalkirche, die an der Stelle einer 1429 erbauten Marienkapelle steht und die Jahreszahl 1535 über dem Eingang trägt. Die Kirche, die 1540 evangelisch wurde, hat in ihrer wechselvollen Geschichte allerlei Umbauten erlebt.

In Sonnenberg, das anders als Frauenstein heute baulich mit Wiesbaden zusammengewachsen ist, lassen sich außerdem einige historistische Villen bewundern, zum Beispiel in der Bingertstraße und in der Parkstraße. Was hieran für das 19. und frühe 20. Jahrhundert sichtbar wird, trifft auch heute noch zu: Sonnenberg ist ein sehr wohlhabender Stadtteil und erfreut sich des höchsten Pro-Kopf-Einkommens in der Stadt. Im Burggarten finden regelmäßig die Burgfestspiele statt, die verschiedenste kulturelle Veranstaltungen bringen.

Über dem alten Ortskern thront der Bergfried.

Sonnenberg

www.wiesbaden.de/sonnenberg

Burgfestspiele Sonnenberg

www.wiesbadener-burgfestspiele.de

Gollners Burg Sonnenberg

Am Schlossberg 20
65191 Wiesbaden
Tel.: 0611 541409
www.gollners.de

Kirche mit romanischen Ursprüngen

Älteste Kirche

19

Evangelische Kirchengemeinde Wiesbaden-Bierstadt

Venatorstraße 10
65191 Wiesbaden
Tel.: 0611 1899157
www.bierstadt-evangelisch.de

Während es nach dem Brand der Mauritiuskirche in der Wiesbadener Kernstadt keine Kirche mehr gibt, die vor Mitte des 19. Jahrhunderts gebaut wurde, haben die Wiesbadener Vororte zum Teil ältere Kirchen. Die älteste steht im Stadtteil Bierstadt. Die romanische Saalkirche stammt aus der zweiten Hälfte des 11. Jahrhunderts, der Turm vermutlich aus dem späten 12. Jahrhundert. Eine erste Kirche war hier im 10. Jahrhundert von irischen Mönchen gegründet worden, die Bierstadt (Birgidesstat) vermutlich nach ihrer Nationalheiligen benannten. Die heutige Kirche ist dem Heiligen Nikolaus geweiht. Im 14. Jahrhundert wurden Teile der Kirche gotisch überformt und die Fensterleibungen der Apsis mit Fresken ausgemalt, die unter anderem Kain und Abel und wohl auch die Heilige Birgid zeigen. Im 18. Jahrhundert erhielt die Kirche einen barocken Innenausbau und den heutigen Eingang.

Ein Türsturz in der Südwand zeigt Ritzzeichnungen aus romanischer Zeit.

Wichtigstes Stück der Innenausstattung ist ein spätgotischer Marienaltar, der wohl von dem Frankfurter Maler Martin Caldenbach stammt. Seine Flügel zeigen Szenen der Weihnachtsgeschichte. Bei der Umgestaltung in den 70er/80er Jahren wurde er in den Retabel-Altar integriert. Das Taufbecken stammt aus der Frühzeit der Kirche. Seit 1777 war hier Jacob Ludwig Schellenberg, Stammvater der Wiesbadener Verlegerfamilie, Pfarrer. In seiner Autobiografie berichtete er ausführlich über seine Bierstädter Zeit. Die Öffnungszeiten der Kirche sind eingeschränkt.

Baden bei 32 Grad – das Aukammbad

Fortsetzung des Kurparks – das Aukammtal

Grüne Lunge der Stadt

20

Das Aukammtal ist die Fortsetzung des Kurparks, zwischen Sonnenberg und Bierstadt gelegen, und heute auch die Fortsetzung dessen, was früher im Kurpark seinen Schwerpunkt hatte, des Kurbetriebes nämlich. Das Aukammbad, ein Thermalbad mit 32 Grad Wassertemperatur, verfügt über ein Innenbecken und ein von diesem aus durch einen Schwimmkanal erreichbares Außenbecken, das ganzjährig geöffnet ist. Dazu kommen drei Saunen. Umgeben ist das Bad von Grün. Der Aukammbach wurde in seiner heutigen Form künstlich angelegt, macht aber den Eindruck eines natürlichen Wasserlaufs. Das sehen offenbar auch die Eisvögel so, die man mit Glück hier beobachten kann. Jenseits des Grünstreifens haben sich viele Kliniken angesiedelt.

Etwas oberhalb des Aukammbades befindet sich die Orangerie Aukamm, die als städtische Kurhausgärtnerei Anfang des 20. Jahrhunderts von dem Architekten Felix Genzmer (1856–1929) errichtet wurde. Der Bau entspricht dem Stil eines englischen Landhauses. Genzmer baute in Wiesbaden auch vieles andere, zum Beispiel das Römertor und das Foyer des Staatstheaters. Die Orangerie wurde als Baudenkmal des Historismus restauriert. Heute befindet sich hier ein Gärtnereibetrieb, der überwiegend Menschen mit Behinderung beschäftigt. Das Café „Orangerie Aukamm" ist einen Besuch wert. Nicht weit entfernt ist der von einem Verein betriebene Heupferd-Erlebnisgarten, dessen Zweck es ist, Kindern und Jugendlichen Naturerlebnisse zu ermöglichen.

Das Aukammtal bildet eine grüne Fortsetzung des Kurparks.

Thermalbad Aukammtal

Leibnizstraße 7
65191 Wiesbaden
Tel.: 0611 317080 (Kasse)
www.wiesbaden.de/microsite/mattiaqua/thermalbad-aukammtal/

Orangerie Aukamm

Weinreb 23
65191 Wiesbaden
Tel.: 0611 23874968
www.orangerie-aukamm.de

Heupferd-Erlebnisgarten

Weinreb 23
65191 Wiesbaden
Tel.: 0611 6091121
www.heupferd-erlebnisgarten.de

Ewa Stefanski: Nähe 5 (oben) und Nähe 6 (unten)

Pokusa heißt Versuchung

21

Galerie Pokusa
Albrechtstraße 40
65185 Wiesbaden
Tel.: 0611 812501
www.pokusa.de

… sagt Ewa Hartmann, Vorstandsmitglied des Polnischen Kultur Salons e.V., und der Name ist Programm – von den Bildern, die in den Ausstellungen der durch den Verein betriebenen Galerie gezeigt werden, haben auch die Autoren dieses Buches schon das eine oder andere erworben. Die Galerie Pokusa hat sich auf die Fahnen geschrieben, Breslauer Künstler – aber auch polnische Künstler generell – in Deutschland bekannt zu machen. Breslau ist nämlich die Partnerstadt Wiesbadens in Polen, und Hartmann, die aus Breslau stammt, schon seit Jahrzehnten in Wiesbaden wohnt, aber nach wie vor gute Verbindungen in ihre Herkunftsstadt hat, ist bestens geeignet, um diese Partnerschaft zu verkörpern. Die Galerie hat 2002 ihre erste Ausstellung veranstaltet und ist mittlerweile eine Institution. Die Ausstellung mit Werken von Ewa Stefanski, die im Februar 2019 eröffnet wurde, war bereits die Hundertste, die hier gezeigt wurde.

Breslau ist bekannt für seine Kunstszene.

Hartmann und ihr Mann Michael Grus, ebenfalls im Vorstand des Vereins, sind jedes Jahr mehrfach in Breslau, sehen sich in der Kunstszene um und pflegen Kontakte, zum Beispiel in der Stare Jatki-Gasse, in der es zahlreiche Galerien gibt. Über die Jahre sind viele Freundschaften zu Künstlern gewachsen. Viele Ausstellungen in der „Pokusa" waren ein großer Erfolg. Es gehe aber nicht nur um Popularität, sondern mindestens ebenso sehr um künstlerische Qualität, betont Ewa Hartmann, wobei jüngeren Künstlern ebenso eine Chance geboten werde wie renommierten.

Rückansicht der Ringkirche

Repräsentativer Eingang zum Pfarrhaus

Meilenstein der Kirchenbaugeschichte

22

Ringkirche
Kaiser-Friedrich-Ring 7
65185 Wiesbaden
Tel.: 0611 440281
www.ringkirche.de

Als die Ringkirche 1894 als dritte evangelische Kirche neben der Markt- und der Bergkirche eingeweiht wurde, stand sie fast auf freiem Feld. Fast zeitgleich wuchs um sie herum das Rheingauviertel, ein Handwerkerviertel. Architekt der in einem romanisch-gotischen Übergangsstil gestalteten Kirche war Johannes Otzen (1839–1911), nach dessen Plänen schon die Bergkirche gebaut worden war. Er verwirklichte hier das von Bergkirchenpfarrer Emil Veesenmeyer (1857–1944) entwickelte „Wiesbadener Programm". Die Ringkirche ist das erste Beispiel für die Umsetzung dieses Programms, das später auch Kirchenbauten außerhalb Wiesbadens prägte. Sie gilt deshalb als kunsthistorisch bedeutendste Kirche der Stadt. Ringkirchenpfarrer Ralf-Andreas Gmelin erklärt, dass nach dem Programm der Altar, die Kanzel, die Sängerbühne und die Orgel in die Mitte des Raumes gehören, was sowohl praktische als auch theologische Gründe habe. Da die Kirche eine unierte sei, seien in ihrem Bildprogramm sowohl Lutheraner als auch Reformierte dargestellt, wie zum Beispiel in den Standbildern außen der lutherische Gustav Adolf von Schweden und der reformierte Wilhelm von Nassau. Auffällig sei, dass sich an vielen Stellen in der Kirche Freimaurersymbolik wie das Sehende Auge als Symbol Gottes finde. Veesenmeyer und wohl auch Otzen seien Freimaurer gewesen. Die Ringkirche habe heute, so Gmelin, mit rund 5.000 Mitgliedern die größte evangelische Gemeinde Wiesbadens.

Das Wiesbadener Programm beeinflusste zahlreiche Kirchenbauten.

Mittelalterliche Kirche aus dem 20. Jahrhundert

Kathedrale des Dichterviertels

23

Katholische Pfarrei Sankt Bonifatius Dreifaltigkeit

Gutenbergstraße 6
65187 Wiesbaden
www.bonifatius-wiesbaden.de/kirchorte/dreifaltigkeit

Mitten im von der Gründerzeitarchitektur, aber auch von der Architektur des frühen 20. Jahrhunderts und der Nachkriegszeit geprägten Dichterviertel im Südosten Wiesbadens steht an einem zentralen Platz die neogotische Dreifaltigkeitskirche. Die dreischiffige Kirche wurde von 1910 bis 1912 von Dombaumeister Ludwig Becker (1855–1940) als drittes katholisches Gotteshaus in Wiesbaden als idealtypische frühgotische Kathedrale errichtet. Bis auf eine 2003 in den Chorraum integrierte Installation von Andreas Koridass und die Chorfenster von 1953, die die im Krieg zerstörten ersetzen, weist sie innen und außen eine bemerkenswerte Einheitlichkeit des Stils auf. Auch kleinste Details wurden ihren mittelalterlichen Vorbildern nachempfunden. Das ist umso bemerkenswerter, als sich der Innenausbau bis in die 20er Jahre hinzog.

An der Dreifaltigkeitskirche ist auch die spanische Gemeinde ansässig.

Das Tympanon über dem Hauptportal stellt die Heilige Dreifaltigkeit, der die Kirche geweiht ist, über einer Gruppe von Heiligen dar. Das Kircheninnere weist ein auf Strebepfeilern ruhendes Kreuzrippengewölbe auf. Gemeinsam mit der Kirche wurden jeweils an der Vorder- und Rückseite ein Pfarr- und Küsterhaus errichtet. Als die Kirche zwei Jahre nach der Lutherkirche und sieben Jahre nach der zwischen den Kirchen liegenden Gutenbergschule fertiggestellt war, war sie noch nicht auf allen Seiten von Wohnhäusern umgeben. Man rechnete fest mit einer, dann auch eingetretenen, Erweiterung des Dichterviertels.

Lutherzitate am Eingang

Rückansicht der Lutherkirche

Nicht zu übersehen

24

Weder von den Wiesbadener Aussichtspunkten noch von der Oranienstraße aus ist sie zu übersehen, die imposante Lutherkirche, die als vierte neue evangelische Kirche 1907 bis 1910 gebaut wurde und wie eine Festung am Eingang des Dichterviertels thront. Trotz des namensgebenden Reformators wurde die Kirche vom Katholiken Friedrich Pützer (1871–1922) entworfen. Anders als die Neubauten davor nimmt die Lutherkirche keine mittelalterlichen Formen auf. Ihr Äußeres ist in den reduzierten Formen des späten Jugendstils gestaltet, das Hauptportal allerdings im opulenteren byzantinischen Stil. Die Schriftzüge „Ein feste Burg ist unser Gott" und „Das Wort sie sollen lassen stahn" über dem Eingang erinnern an das bekannteste Lied Luthers.

Lutherkirchengemeinde
Sartoriusstraße 16
65187 Wiesbaden
Tel.: 0611 8906730
www.lutherkirche-wiesbaden.de

Die Lutherkirche besitzt eine Walcker- und eine Klais-Orgel.

Man betritt die Kirche an der prächtigen Taufkapelle vorbei durch die große Vorhalle. Der Innenraum folgt dem Wiesbadener Programm, nach dem Altar, Kanzel, Sängerbühne und Orgel eine Einheit in der Mitte des Raumes bilden sollten. Im breiten Kirchenschiff und auf der Empore finden weit über 1.000 Gläubige Platz. Wände und Decke wurden von den Brüdern Linnemann mit farbenfrohen stilisierten Weinranken geschmückt. Aus ihrer Kindheit hat die Autorin sie schlichter in Erinnerung, denn die Ranken wurden nach dem Zweiten Weltkrieg unter Putz verdeckt und erst 1992 rekonstruiert. Martin Niemöller hielt viel beachtete Gastpredigten in der Lutherkirche. Sie ist heute weithin als Zentrum der Kirchenmusik bekannt.

Ihre
Wiesbadener
Volksbank.
33

Mit eigenem Gleis für den Kaiser

25

Hauptbahnhof Wiesbaden
Bahnhofsplatz 1
65189 Wiesbaden

Wer nach Wiesbaden kommt und nicht mit dem Auto fährt, der kommt nicht um ihn herum, den von Fritz Klingholz (1861–1921) aus rotem Sandstein erbauten neobarocken Hauptbahnhof, an dem sowohl die ICEs für Langstreckenbahnreisende als auch die S-Bahnen vom Frankfurter Flughafen, der zwischen Frankfurt und Wiesbaden liegt, eintreffen. 1904 bis 1906 wurde er erbaut und war nicht unumstritten. Er lag nämlich weit draußen und wurde im Zuge der Anlegung der Ringstraße erbaut, die sich auf bis dahin unbebautem Terrain befand. Das änderte sich freilich bald, und die Bebauung rückte an den Bahnhof heran. Vorher hatte es mehrere Bahnhöfe gegeben. Das waren der Taunusbahnhof für die Taunus-Eisenbahn (Strecke nach Frankfurt), der Rheinbahnhof für die rechtsrheinische Bahnstrecke bis Lahnstein und der Ludwigsbahnhof für die sogenannte Ländchesbahn nach Niedernhausen. Alle drei Bahnhöfe befanden sich in dem Bereich, in dem heute Landesmuseum und „RheinMain CongressCenter" angesiedelt sind.

Reisinger-Anlagen und Warmer Damm bilden eine Grünachse vom Bahnhof in die Innenstadt.

Für Kaiser Wilhelm II., der alljährlich zur Kur nach Wiesbaden kam, war ein eigenes Gleis, das Kaisergleis, vorgesehen. Der Kaiser zeigte reges Interesse am Bahnhofsbau und mischte sich in Details der Gestaltung ein. Der Bahnhof sollte nicht zuletzt einen würdigen Rahmen für seine Ankunft bieten. Einige Baubeteiligte wurden von ihm ausgezeichnet. Ein 1907 vollendeter Fürstenpavillon überlebte den Zweiten Weltkrieg nicht.

Nassauischer Löwe

Denkmal für Adolph von Nassau

Denkmal am Park

26

Landesdenkmal
Biebricher Allee 147
65187 Wiesbaden

1866 war Herzog Adolph von Nassau am Tiefpunkt seines Lebens angelangt. Seine mit Österreich verbündeten Truppen waren in Königgrätz von den Preußen geschlagen worden, sein Herzogtum wurde von ihnen annektiert. Von einem Truppenbesuch musste er direkt ins Exil gehen. Damals ahnte niemand, dass Adolph 24 Jahre später Großherzog von Luxemburg werden und 1905 als ältester regierender Monarch Europas sterben sollte. Das liberale Wiesbadener Bürgertum freute sich zunächst über die Annexion durch das fortschrittliche Preußen. Dennoch widmeten die Wiesbadener Adolph nach seinem Tod in exponierter Lage an der Biebricher Allee ein von Fritz Gerth entworfenes Denkmal in Form eines 8 Meter hohen Obelisken unter anderem mit einer Statue Adolphs in nassauischer Generalsuniform. Eine Inschrift lautet:
„Dem Nassauischen Fürstenhause in Liebe und Verehrung das dankbare Volk 1909".
Unterhalb des Landesdenkmals befindet sich die 1906 bis 1909 angelegte 30.000 Quadratmeter große Richard-Wagner-Anlage (wegen der Sektkellerei Henkell in der Nähe auch Henkell-Park genannt). Die Pläne des Parks stammen von Hermann Lippel. Auch das noch zu errichtende Denkmal hat er dabei berücksichtigt. Ursprünglich sollte hier ein Festspielhaus gebaut werden, deshalb die Widmung an Wagner. Im Park gab es auch eine kleine Polizeiwache, die heute noch erhalten ist. Angrenzend an den Park entstand zeitgleich ein Villengebiet.

Adolphs Nachfahre Großherzog Henri von Luxemburg trägt auch die Titel Herzog von Nassau und Herr von Wiesbaden.

Hafen vor dem alten Ortskern

Die neuesten Schiersteiner Häuser

Geprägt durch den Hafen

27

Schierstein ist per Bus und auch mit dem Zug gut erreichbar, am schönsten ist aber die (freilich nur in der Saison mögliche) Schifffahrt mit der „Tamara" vom Biebricher Rheinufer aus. Auf diese Art und Weise kommt man gleich im Hafen an, der seit seinem Bau in den 50er Jahren des 19. Jahrhunderts so etwas wie das Herz Schiersteins ist. Der schönste Ort in Schierstein ist die lange Hafenpromenade, an der sich an den zahlreichen vor Anker liegenden Jachten vorbeispazieren und, wenn man sich müde gelaufen hat, auch gut einkehren lässt. Einer der Höhepunkte des Jahres in Schierstein ist das Hafenfest im Juli mit der traditionellen Drachenboot-Regatta.

Im Verhältnis zur Gesamtgeschichte Schiersteins ist der Hafen neu. Auf der Gemarkung von Schierstein wurden nämlich Funde aus der Jungsteinzeit (um 3500 v. Chr.) gemacht. Auch aus der Römerzeit gibt es Funde, zum Beispiel eine Jupitersäule aus dem Jahre 221 n. Chr., von der eine Replik im Bereich der Hafenpromenade steht. Kunsthistorisch am bedeutendsten ist die in den 50er Jahren des 18. Jahrhunderts in Formen des Barock und des Rokoko erbaute Christophorus-Kirche. Etwas früher – um 1720 – ist eine historische Weinkelter zu datieren, die nun zur Erinnerung daran, dass Schierstein ein Weinort ist, an der Hafenpromenade steht. Bekannt sind die Weinlagen Schiersteiner Dachsberg und Schiersteiner Hölle. (Letzteres hat nichts mit der Hölle zu tun, sondern ist von „Halde" abgeleitet.)

Bei schönem Wetter fühlt man sich hier fast wie am Mittelmeer.

Schierstein
www.wiesbaden.de/schierstein

Wiesbadener Personenschifffahrt
(Fähre Tamara)
www.tamara.rettbergsau.de

Hafenblick
Italienisches Restaurant am Hafen
Hafenstraße 15
65201 Wiesbaden-Schierstein
Tel.: 0611 56577270
https://hafenblick-restaurant.de

Restaurant „Arche Noah"
Hafenstraße
65201 Wiesbaden-Schierstein
Tel.: 0611 21754
www.arche-noah-restaurant.de

St. Elisabeth mit Klostergebäuden

Die andere Seite der Kirche

Markantes Gebäude im Westend

28

Katholische Pfarrei St. Bonifatius St. Elisabeth
Zietenring 18
65195 Wiesbaden
www.bonifatius-wiesbaden.de/kirchorte/st-elisabeth

Als ihr Bau nach Entwürfen von Regierungsbaumeister Alfred Ludwig Wahl 1936 abgeschlossen wurde, war er innovativ: Die St. Elisabethkirche im Wiesbadener Westend wurde in Stahlskelettbauweise errichtet. Anders als die Wiesbadener Kirchenneubauten der 10er Jahre des 20. Jahrhunderts ist der Entwurf der St. Elisabethkirche konsequent dem modernen Bauen verpflichtet. Die Formen sind schlicht und funktional, es wurden neue Baumaterialien verwendet, und auch der leuchtend gelbe Verputz ist für ein Kirchengebäude ungewöhnlich. Darüber hinaus ist die Kirche mit 700 Quadratmetern recht groß. Neu war für Wiesbaden auch, dass jahrzehntelang der im Kloster daneben ansässige Franziskanerorden mit der Seelsorge für die Gemeinde betraut war. 1989/90 wurde das Kircheninnere durch Klaus-Dieter Wolf verändert. Seitdem steht der Altar nicht mehr erhöht und wurde außerdem von Hubert Elsässer neu gestaltet.

Die Kirche ist heute auch Sitz der portugiesischen Gemeinde.

Das Westend, aus dem der hohe Kirchturm hervorragt, entstand seit den 1860er Jahren bis ins frühe 20. Jahrhundert als Viertel für die untere Mittelschicht aus Handwerkern, Gewerbetreibenden und Angestellten, die sich seit dem 19. Jahrhundert in Wiesbaden neu ansiedelte, darunter viele Katholiken aus anderen Regionen, sodass die drei vorhandenen katholischen Kirchen für die Seelsorge nicht mehr ausreichten. Die Straßen um die Kirche sind nach Militärs benannt, weshalb dieser Teil des Westends auch als „Feldherrenviertel" bezeichnet wird.

Fassade der Maria-Hilf-Kirche

Das Agnus Dei am Eingang

Wo Wiesbaden nicht mondän war

29

Katholische Pfarrei St. Bonifatius Kirchort Maria Hilf

Kellerstraße 37
65183 Wiesbaden
www.bonifatius-wiesbaden.de/kirchorte/maria-hilf

In den Jahren 1893 bis 1895 wurde hoch über der Wiesbadener Innenstadt an der Platter Straße als zweite katholische Kirche nach der Reformation die Maria-Hilf-Kirche (mit vollem Namen: Maria Hilfe der Christen) errichtet. Noch heute ist die (neo-)spätromanische, dreischiffige Pfeilerbasilika aus hellem Sandstein mit ihrem breiten Querschiff und ihren charakteristischen Doppeltürmen weithin sichtbar. Eine schon vorher hier vorhandene Kapelle gleichen Namens gab der Kirche und dem sie umgebenden Viertel, das im Volksmund bis heute „Die Hilf" heißt, seinen Namen. Hier lebten, oft aus anderen Regionen zugezogene, Kleinbürger und Arbeiter. Die Häuser waren kleiner und niedriger als an den Prachtstraßen im Tal, oft hatten sie nur zwei Geschosse. Die Maria-Hilf-Kirche unterstützte schon damals Bedürftige, und bis heute sind hier soziale Projekte angesiedelt.

Seit 2005 ist die Jugendkirche KANA an der Maria-Hilf-Kirche angesiedelt.

Entworfen wurde die Kirche vom früheren Limburger Diözesanbaumeister Maximilian Meckel (1847–1910), der zur gleichen Zeit auch die Fassade des Frankfurter Römers neu gestaltete. Eines seiner Vorbilder für die Maria-Hilf-Kirche war der Limburger Dom. Sonst bevorzugte Meckel neogotische Kirchen. Auch schmückende Elemente der Kirche wie Wasserspeier, Kreuzblumen und Säulenkapitelle sind ihren mittelalterlichen Vorbildern detailgetreu nachempfunden. Im Zweiten Weltkrieg wurde die Kirche beschädigt und wurde erstmals 1973 und erneut 2012 im Inneren renoviert.

Gedenken an die ermordeten Wiesbadener Juden

Jüdisches Wohnhaus und Aktives Museum

Juden in Wiesbaden

30

Jüdische Wiesbadener sind seit dem Mittelalter bezeugt. 1826 wurde eine erste größere Synagoge in der Schwalbacher Straße 43 eingerichtet. Von 1832 bis 1838 war dort Abraham Geiger (1810–1874), ein wichtiger Vertreter des Reformjudentums, Rabbiner. Es gab ein reges Gemeindeleben mit vielen Vereinen. 1869 wurde auf dem Michelsberg eine neue, mit einer Orgel und einer markanten Kuppel ausgestattete Synagoge im maurisch-byzantinischen Stil nach Plänen von Philipp Hoffmann eingeweiht. Dort fanden vielbeachtete und auch von Andersgläubigen besuchte Konzerte statt. Um 1885 ließen orthodoxe Juden in der Friedrichstraße eine eigene Synagoge bauen.
In der Pogromnacht 1938 wurde die Synagoge am Michelsberg zerstört. 1942 wurden die noch in Wiesbaden lebenden Juden in Konzentrationslager deportiert, woran ein Gedenkort beim Kulturzentrum Schlachthof erinnert. Nur wenige Mitglieder der Gemeinde konnten 1946 bei der Neugründung in der Friedrichstraße mitwirken. 1966 wurde in der Friedrichstraße 33 ein Neubau eingeweiht. Am Michelsberg erinnert eine Gedenkstätte an die 1.507 bekannten in der Shoa ermordeten oder zu Tode gekommenen Wiesbadener Juden, auf einem Namensband in Augenhöhe. Die Mauern bezeichnen die Umrisse der Synagoge. Seit 2001 erinnert das Aktive Museum in einem jüdischen Wohnhaus aus dem 18. Jahrhundert in der Spiegelgasse 11 mit Veranstaltungen und Wechselausstellungen an die Geschichte der Wiesbadener Juden.

Im 18. Jahrhundert wohnten viele Juden in der heutigen Wagemannstraße.

Gedenkstätte für die ermordeten Wiesbadener Juden

Coulinstraße/
Michelsberg
65183 Wiesbaden

Aktives Museum Spiegelgasse für Deutsch-Jüdische Geschichte in Wiesbaden e.V.

Spiegelgasse 9
(Geschäftsstelle)
65183 Wiesbaden
Tel.: 0611 305221
www.am-spiegelgasse.de

Turm der Bergkirche

Eine Kirche und ihr Viertel

31

Als Wiesbaden in der Gründerzeit immer mehr wuchs, reichte irgendwann die Marktkirche als alleinige evangelische Kirche nicht mehr aus. Die zweite Kirche, die 1876 bis 1879 erbaute Bergkirche, wurde in einem überwiegend von kleinen Leuten bewohnten Viertel errichtet. Der Kirchenbau war nicht teuer und die niedrigen veranschlagten Baukosten – die dann allerdings überschritten wurden – waren einer der Gründe für die Vergabe des Auftrags an den Architekten Johannes Otzen, der später auch die Ringkirche bauen sollte. Otzen wich hier von traditionellen Bauformen ab, verwirklichte aber noch nicht das dann in der Ringkirche umgesetzte Wiesbadener Programm, sodass manche Architekturhistoriker die Bergkirche als Vorstufe hierzu ansehen. Die – auch aufgrund eines ungünstigen Baugrundstücks – gedrungene Backsteinkirche weist eine für eine evangelische Kirche ungewöhnlich reiche Innenausstattung auf. Bemerkenswert ist außerdem die Orgel, die – auch wegen der guten Akustik der Kirche – einen sehr schönen Klang hat.

In der Nazizeit war das Bergkirchenviertel ein Zentrum des Widerstands.

Die Kirche ist sehr mit dem Viertel verwachsen, das nach ihr benannt ist und als eines der authentischsten Wohnviertel Wiesbadens gilt. Allerdings war die Wohnqualität hier früher schlecht, was den Architekten und Stadtplaner Ernst May in den 60er Jahren dazu veranlasste, den Abriss des kompletten Bergkirchenviertels mit Ausnahme der Kirche selbst zu planen, was dann aber zum Glück verhindert werden konnte.

Bergkirche
Lehrstraße 6
65183 Wiesbaden
Tel.: 0611 524300
http://bergkirche.de

In der Taunusstraße

Früher gab es hier viele Antiquitätengeschäfte

Früher Zentrum des Antiquitätenhandels

32

Die Taunusstraße, die heute vom Ende der Wilhelmstraße bis zum Nerotal verläuft, wurde 1818 im Zuge der von Christian Zais geplanten Stadterweiterung angelegt und gehört mit der Wilhelmstraße, der Rheinstraße, der Schwalbacher Straße und der Röderstraße zum historischen Fünfeck. Sie sollte als Wohn- und Geschäftsviertel für wohlhabende Wiesbadener Bürger, aber auch dem Aufenthalt von Kurgästen dienen. Im 19. Jahrhundert gab es hier eine große Hoteldichte mit Häusern wie dem Berliner Hof in der Nr. 1, dem Allee-Saal in der Nr. 3 oder dem Hamburger Hof in der Nr. 11. Zahlreiche Gebäude stehen unter Denkmalschutz wie die Nr. 18 von 1850 oder die Nr. 34 von 1855. Das Haus Nr. 59 war der erste Sitz der Augenheilanstalt von Alexander Pagenstecher (1828–1879).

Im 20. Jahrhundert siedelten sich in der Straße zahlreiche Antiquitätenläden an, und die Autorin erinnert sich noch daran, wie sie hier als Kind historische Puppenstuben bewunderte. Heute gibt es nur noch wenige Läden, die Antiquitäten verkaufen, die Straße hat aber viel von ihrem ursprünglichen Charakter behalten und blieb im Krieg unbeschädigt.

Die klassizistische Bebauung war allerdings bereits im 19. Jahrhundert größtenteils ersetzt worden. Auch heute noch kann man in der Taunusstraße einen Schaufensterbummel machen, in schöner Umgebung essen oder Kaffee trinken oder an den Fassaden im Biedermeierstil, Historismus und Jugendstil entlang ins Nerotal laufen.

Am ersten Septemberwochenende wird das Taunusstraßenfest gefeiert.

In den Nerotal-Anlagen

Am Rande der Anlagen stehen prächtige Villen

Freizeitgebiet nicht nur für Kurgäste

33

Nachdem der Neroberg in der zweiten Hälfte des 19. Jahrhunderts nach und nach an Attraktivität gewonnen hatte, mit Wanderwegen und Einkehrmöglichkeiten versehen worden und dank der Nerobergbahn bequem erreichbar war, entdeckte man auch das Nerotal als Freizeitgebiet. In den Jahren 1897 und 1898 legte die Stadt hier zwischen der Talstation der Nerobergbahn und dem Ende der Taunusstraße einen sechs Hektar großen englischen Landschaftspark mit Tausenden, teils exotischen Pflanzenarten und zwei Teichen an. Auch eines der damals verbreiteten Schweizerhäuschen durfte nicht fehlen. Der Park sollte wie der Neroberg vor allem den Wiesbadener Bürgern als Freizeitgebiet dienen, während die Kurgäste sich eher im exklusiveren und teureren Ambiente des Kurparks und der Wilhelmstraße aufhielten.

Die Nerotal-Anlagen stehen seit 1985 unter Denkmalschutz.

In der Mitte der Nerotal-Anlagen fließt, von mehreren Brücken überspannt, der Schwarzbach, der von der Talstation der Nerobergbahn weiter in den Rabengrund verläuft. Geht man am Ende der Taunusstraße in den Park, trifft man am Eingang auf das Denkmal, das 1909 zur Erinnerung an die im deutsch-französischen Krieg von 1870/71 gefallenen nassauischen Soldaten nach einem Entwurf des Bildhauers Franz Prietel errichtet wurde. Weitere Denkmäler im Park sind Otto von Bismarck, dem in Wiesbaden tätigen Geologen Carl Koch und dem Wiesbadener Dichter Friedrich von Bodenstedt gewidmet. Auf beiden Seiten des Parks wurden großbürgerliche Villen errichtet.

Eingangstor des Nordfriedhofs

Am Eingang zum Südfriedhof

Wiesbadens Berühmtheiten

34

Nordfriedhof
Platter Straße 83
65193 Wiesbaden

Südfriedhof
Siegfriedring 25
65189 Wiesbaden

… sind nicht alle auf dem Nordfriedhof begraben (einige auch auf dem Alten Friedhof), ein größerer Teil von ihnen aber schon. Wie in fast allen Städten wurden auch in Wiesbaden die Friedhöfe immer weiter stadtauswärts verlegt. War der ursprüngliche Wiesbadener Friedhof am Mauritiusplatz, wurde er 1690 an das Römertor verlegt, 1832 dann an die Platter Straße 11 b (Alter Friedhof) und 1877 schließlich an die Platter Straße 83 in ein städtisches Waldgebiet. 87.000 Menschen wurden hier begraben, darunter 1897 Kurdirektor Ferdinand Hey'l, 1924 Oberbürgermeister Carl von Ibell und in neuerer Zeit 1967 der Komponist und Orchesterleiter Carl Schuricht, 1976 der hessische Ministerpräsident Georg August Zinn, 1996 der Bundestrainer Helmut Schön und 2003 der Jazz-Musiker Volker Kriegel. Der Friedhof besitzt viele kunsthistorisch bedeutende Grabmäler, vor allem im Stil des Historismus und im Jugendstil.
Neben dem Nordfriedhof wurde 1890/91 ein Friedhof der jüdischen Gemeinde angelegt. Bereits 1877 hatten die orthodoxen Juden nach dem Bau einer eigenen Synagoge im Osten des Nordfriedhofs auch ihren eigenen Friedhof eingerichtet. 1908/09 wurde der Südfriedhof angelegt, dessen ältere Teile und Hauptgebäude vom Jugendstil geprägt sind. Auch wenn hier ebenfalls viele Honoratioren des frühen 20. Jahrhunderts begraben wurden, ist das prominenteste Grab das des Fliegers Manfred von Richthofen, der nach einer postumen Odyssee hier seine letzte Ruhe fand.

Der Nordfriedhof steht unter Denkmalschutz.

Treppen im Jagdschloss Platte

Keine glatte Vollkommenheit

35

In der Jagdsaison im Herbst verlegte die Herzogsfamilie von Nassau ihren Wohnsitz ins Jagdschloss Platte. Den 1823 bis 1826 von Friedrich Ludwig Schrumpf geschaffenen klassizistischen Sandsteinbau hatte Herzog Wilhelm I. in Auftrag gegeben. Die Lage auf der Platte – einer Hochfläche im heutigen Naturpark Rhein-Taunus – und der Wildreichtum der Gegend machten das Schloss attraktiv. Attraktiv war die Lage auch fürs Militär, das hier im Zweiten Weltkrieg eine Flugabwehr-Leitstelle einrichtete, was dem Schloss schließlich zum Verhängnis wurde – 1945 wurde es bei einem Luftangriff zerstört.

Ende der 80er Jahre beschloss man, die Ruine wiederzubeleben. Die Form des Wiederaufbaus war umstritten, berichtete uns Hans-Peter Gresser, der verantwortliche Architekt, der uns auch erläuterte, dass der Bau in seiner quadratischen Grundstruktur Bezüge zur Villa Rotonda von Andrea Palladio aufweise, mit zwei gegenläufigen Treppen innen, die denen in Chambord (einem Renaissanceschloss an der Loire) nachempfunden seien. Den historischen Bau durch Wiederherstellung des Dachs originalgetreu zu rekonstruieren, habe keinen Sinn ergeben. An glatter Vollkommenheit habe man sich sattgesehen, zudem sei das Schloss 60 Jahre lang als Ruine im Bewusstsein der Wiesbadener präsent gewesen. Seine Lösung, ein Glasdach mit vier umgedrehten Pyramiden, das den Ruinencharakter nicht verleugnet, wurde 2008 mit dem Staatspreis für Architektur des Landes Hessen ausgezeichnet.

Heute wird das Schloss als Veranstaltungsort genutzt.

Jagdschloss Platte
An der B417
65195 Wiesbaden
Tel.: 0611 1729291
www.wiesbaden.de/jagdschloss-platte

Architekturbüro Gresser
www.gresser-architects.com

Früher ein Jagdschloss …

… heute für alle geöffnet

Früher Jagdgebiet, heute Tierpark

36

Eine der liebsten Freizeitbeschäftigungen der Nassauer Herzöge war das Jagen, weshalb sie gleich mehrere Jagdschlösser anlegten. Eines davon war das im Nordwesten von Wiesbaden gelegene Jagdschloss Fasanerie, das von 1744 bis 1749 nach Entwürfen des fürstlich-nassauischen Baumeisters Joachim Stengel (1694–1787) im Stil des Spätbarock gebaut wurde. Ebenfalls 1744 hatte Karl zu Nassau-Usingen (1712–1775) hier eine Fasanenzucht angelegt. Später war das repräsentative Gebäude Sitz des Oberförsters. 1912 kaufte die Stadt Wiesbaden die Fasanerie. Schon im 19. Jahrhundert hatten die Wiesbadener die Fasanerie als Ausflugsziel entdeckt und seit den 30er Jahren führte ein Naturlehrpfad dorthin.

Seit 1956 ist die Fasanerie ein öffentlicher Tier- und Pflanzenpark. In naturnaher Umgebung, oft ohne Gehege, kann man ca. 40 verschiedene Tierarten, wie Wisente, Braunbären und Wölfe, aber auch kleinere wie Störche, Fischreiher und Nutrias, beobachten. Auch viele unterschiedliche, teils exotische Pflanzenarten, wie Mammutbäume, gibt es. Für Kinder sind das Streichelgehege und ein Wasserspielplatz besonders interessant. Regelmäßige Führungen und Veranstaltungen bringen Kindern und Erwachsenen die Natur nah. Der Förderverein Fasanerie e.V. unterstützt seit 1995 die Aktivitäten des Parks. Im Schlossgebäude und dem dazu gehörigen Gastgarten kann man essen und Kaffee trinken. Zusätzlich bietet ein Kiosk Getränke und Snacks an.

Montags bis donnerstags finden Fütterungstouren statt.

Tier- und Pflanzenpark Fasanerie
Naturpädagogisches Zentrum
Wilfried-Ries-Straße 22
65195 Wiesbaden
Tel.: 0611 4090770
https://fasanerie.net/fasanerie

Restaurant Jagdschloss Fasanerie
Wilfried-Ries-Straße 20
65195 Wiesbaden
Tel.: 0611 44750510
www.jagdschlossfasanerie.de

Gestiftet durch den König

Auf dem Klostergelände – das Landhaus Diedert

Hauskloster und Begräbnisstätte

37

Kapelle Alt-Klarenthal
Am Kloster Klarenthal 12
65195 Wiesbaden

Hostellerie Landhaus Diedert
Am Kloster Klarenthal 9
65195 Wiesbaden
Tel.: 0611 1846600
www.landhaus-diedert.de

Bei dem Wort „Klarenthal" hat man im heutigen Wiesbaden die Assoziation einer Hochhaussiedlung der Nachkriegszeit. Seinen Namen hat das von Ernst May entworfene moderne Wohnviertel jedoch von dem Klarissenkloster, das hier 1298 von König Adolf von Nassau auf Wunsch seiner Frau Imagina als Hauskloster für die Walramische Linie der Nassauer gestiftet wurde. Nach der Klosterweihe um 1304 trat Adolfs Schwester Richardis als Äbtissin in die Gemeinschaft ein. Auch in den folgenden Jahrhunderten waren hier viele weibliche Mitglieder des Nassauer Herrschergeschlechts und andere Adlige Nonnen.

Daneben wurde das Kloster als Begräbnisstätte der Nassauer Grafen genutzt. Nach Richardis und Imagina wurden hier auch mehrere Töchter, Söhne, Enkel und weitere Nachfahren Adolfs und Imaginas begraben, ebenso Philipp I. aus der Weilburger Linie der Nassauer. Später wurden deren Grabsteine in die Mauritiuskirche in Wiesbaden gebracht, wo sie während des Brandes von 1850 zerstört wurden oder verschollen sind. Das Kloster wurde in kriegerischen Auseinandersetzungen des 15. und 16. Jahrhunderts stark beschädigt und 1559 aufgelöst. Später hatten hier mehrere Fabrikationen ihren Sitz. Heute sind vom Kloster nur noch wenige Überreste zu sehen, wie Arkaden in der Wand der alten Klarenthaler Kirche und einige Grabsteine. Auf einem Teil des ehemaligen Klostergeländes kann man im Landhaus Diedert gehobene Küche genießen und in schöner Umgebung übernachten.

Nur eine Bürgerstochter wurde in Klarenthal Äbtissin.

Ein Schloss als Erfahrungsfeld

Plan der Erfahrungsstationen

Erlebnis für alle Sinne

38

Schloss Freudenberg
Freudenbergstraße 224–226
65201 Wiesbaden
Tel.: 0611 4110141
www.schlossfreudenberg.de

Zu Beginn des 20. Jahrhunderts waren in der Architektur Anleihen bei der italienischen Renaissance populär. Auch Paul Schultze-Naumburg (1869–1949) orientierte sich an den Villen Palladios als er 1904/05 für den Maler James Pitcairn-Knowles (1863–1954) auf dem im Westen Wiesbadens bei Dotzheim gelegenen Freudenberg ein Schloss mit großem Park errichtete. Pitcairn-Knowles hatte als Sohn eines schottischen Wollhändlers einen Teil seiner Jugend in Wiesbaden verbracht. Nach zahlreichen Besitzerwechseln – eine Zeit lang waren hier auch die amerikanischen Streitkräfte ansässig – erwarb 1990 die Stadt das Schloss. Von 1978 bis 2006 fand im Park das in der Region legendäre Musikfestival „Folklore im Garten" statt.

Für Kinder und Jugendliche gibt es besondere Angebote.

Seit 1993 hat die „Wiesbadener Gesellschaft Natur & Kunst gemeinnütziger e.V." im Park ein von Hugo Kükelhaus (1900–1984) inspiriertes „Erfahrungsfeld zur Entfaltung der Sinne und des Denkens" eingerichtet. Heute kann man an zahlreichen, im Sommer und Winter unterschiedlichen, Stationen wie einem Barfußpfad, einer Windharfe, einem Klangraum, einem Labyrinth und einer Eiskammer oder bei einem „NachtMahl" in der „DunkelBar" sein Sehen, Fühlen, Riechen, Schmecken oder auch seinen Gleichgewichtssinn neu erfahren. Auch das Schloss ist in das Erfahrungsfeld einbezogen. Einige der Stationen sind von Malern und Dichtern wie Goethe, Paul Klee und Christian Morgenstern inspiriert. Eine Einkehrmöglichkeit bietet das Schlosscafé.

Zum Gedenken an Goethes Aufenthalt

Ausblick durch Weinreben

Das Tor zum Rheingau

39

Wenige Kilometer vom Stadtzentrum entfernt, ganz im Westen Wiesbadens, liegt ein Ortsbezirk, der einen starken Kontrast zum städtischen Trubel bildet. Das 1928 eingemeindete Frauenstein hat sich einen dörflichen Charakter bewahrt. Hier pflegt man eine Jahrhunderte alte Wein- und Obstanbautradition. Frauenstein gehört zum Weinanbaugebiet Rheingau und bezeichnet sich als Tor zu demselben. Am lohnendsten ist ein Besuch während der Kirschblüte im April/Mai. Zwischen den Weinbergen kann man sehr schön wandern – der Rheinsteig führt hier durch, es gibt aber auch andere schöne Wege.
Die auf einem Felsen stehende Burg Frauenstein – heute eine Ruine – wurde im 12. Jahrhundert erbaut und 1221 erstmals unter dem Namen „Vrouwensteyn" erwähnt. Ihr kommt eine entscheidende Bedeutung für die Ortsentwicklung zu. Gegenüber der Burgruine liegt die katholische Kirche St. Georg und Katharina mit Bauteilen von 1509, dahinter ein neuer Kirchenbau, in dem sich heute Teile der Einrichtung der alten Kirche befinden. Gut erhaltene Fachwerkbauten sind der Schönbornsche Hof von 1571 und der Falkersche Hof von 1573. An einen Aufenthalt Goethes in Frauenstein am 6. Juli 1815 erinnert der Goethestein, ein 1932 zu dessen 100. Todestag an den Weinberghängen über dem Nürnberger Hof errichteter Tetraeder. Der Dichterfürst soll bei dem Versuch, der 18-jährigen Philippine Lade, der Schwester des Wiesbadener Hofapothekers Johann August Lade, zu folgen, gestürzt sein.

Die Aussicht von den Hängen genoss schon Goethe.

Frauenstein
www.weindorf-frauenstein.de

Weinhaus Sinz
Restaurant

Herrnbergstraße 17–19
65201 Wiesbaden-Frauenstein
Tel.: 0611 942890
https://weinhaus-sinz.com

Barockes Kleinod

40

Sie steht mitten im Ort, die spätbarocke evangelisch-unierte Kirche in Naurod, das 1977 nach Wiesbaden eingemeindet wurde. Der achteckige, von Johann Jakob Bager verantwortete Bau, dessen Innenraum rund wirkt, wurde 1730 eingeweiht. Die Kuppel mit der Zwiebellaterne verleiht dem Bau eine charakteristische Silhouette. Wegen des feuchten Bodens musste man als Fundament 250 Eichenstämme in den Boden treiben. Der Standort der Orgel oberhalb von Altar und Kanzel, der seinerzeit umstritten war und gegen den Willen der Kirchenverwaltung erfolgte, entspricht der Innenraumgestaltung einer reformierten Predigerkirche – 160 Jahre später entwickelte das erstmals in der Ringkirche umgesetzte Wiesbadener Programm ähnliche Anordnungsgrundsätze. Bemerkenswert sind die Medaillons an der von acht Pfeilern gestützten Empore. Die dortigen Texte wurden von Johann Christian Lange verfasst, der zur Bauzeit Generalsuperintendent von Nassau-Usingen war, und beziehen sich auf den Kleinen Katechismus Martin Luthers. Die barocke Kuppelbemalung, deren Bildprogramm wohl auch hierauf abgestimmt war, ist leider nicht mehr erhalten.

Die Kirche ist das wichtigste, aber nicht das einzige historische Baudenkmal in Naurod (der Name rührt von „Neue Rodung" her), wo es im Rahmen einer nach wie vor dörflichen Ortsstruktur auch eine Reihe schöner Fachwerkhäuser gibt. Jedes Jahr im Mai findet das „Äppelblütefest" statt, mit buntem Programm und Apfelweinausschank.

Evangelische Kirchengemeinde Naurod

Kirchhohl 3
65207 Wiesbaden-Naurod
Tel.: 06127 61238
(Sekretariat)
www.ev-kirche-naurod.de

Die Kirche wirkt klein, hat aber Platz für 350 Personen.

Museum Castellum in der Reduit

Drüben ist Mainz

Wiesbaden oder Mainz?

41

Die Abkürzung AKK bezeichnet in Wiesbaden keine CDU-Politikerin aus dem Saarland, sondern die drei Ortsbezirke Amöneburg, Kastel und Kostheim. Diese – ehemals unabhängig – gehörten von 1908 bzw. 1913 bis 1945 zu Mainz, was sich noch heute in der Langform der Namen (Mainz-Kastel etc.) niederschlägt. Nach dem Zweiten Weltkrieg lagen diese rechtsrheinischen Stadtteile in der amerikanischen Besatzungszone, die linksrheinische Stadt Mainz dagegen in der französischen, und der Rhein als Grenze trennt auch die heutigen Bundesländer Hessen und Rheinland-Pfalz (während früher ganz Rheinhessen, also auch Mainz, hessisch war).

In Amöneburg ist die Gustav-Adolf-Kirche von 1932, ein backsteinexpressionistischer Bau, von Interesse. Kostheim hat eine jahrhundertelange Weinbautradition – auch heute noch kommt ein größerer Teil des in Wiesbaden angebauten Weins von hier – und das (leider nur begrenzt geöffnete) Heimatmuseum ist einen Besuch wert. In Kastel hat man einen schönen Blick auf die Silhouette von Mainz auf der anderen Flussseite (auf der auch für Fußgänger begehbaren Theodor-Heuss-Brücke kommt man hin), am Ufer gibt es einen kleinen Sandstrand, und in der Reduit, einem Kasernenbau aus den 1830er Jahren, befindet sich das Museum Castellum, ein Heimatmuseum. Sehenswert ist auch der römische Ehrenbogen. Wenn man am Fastnachtssamstag da ist und den Umzug durch Kostheim und Kastel miterleben kann, fragt man sich, ob man nicht doch in Mainz ist.

Wiesbaden und Mainz – ein kompliziertes Verhältnis

Heimatmuseum Kostheim

Hauptstraße 137
55246 Mainz-Kostheim
Tel.: 06134 714847
http://heimatmuseum-kostheim.de

Museum Castellum

Reduit, Kasteler Museumsufer
55252 Mainz-Kastel
Tel.: 06134 3763
https://museum-castellum.de

GfdS
Gesellschaft für deutsche Sprache
Die Beauftragte der Bundesregierung für Kultur und Medien
70 Jahre
Gesellschaft für deutsche Sprache
Gesellschaft für deutsche Sprache
7

„Ei Gude, wie, …

42

Gesellschaft für Deutsche Sprache
Spiegelgasse 7
65183 Wiesbaden
www.gfds.de

… wo machts'n hie?" (Hallo, wie geht's, wo gehst Du hin?). Wer so grüßt, kommt nicht unbedingt aus Wiesbaden, auf jeden Fall aber aus dem Rhein-Main-Gebiet. Dort wird eine als „Rheinfränkisch" bezeichnete Spielart des Westmitteldeutschen gesprochen. Die hochdeutsche Lautverschiebung war hier unvollständig, und es heißt zwar „ich" und nicht „ik", aber „Appel" und nicht wie in den oberdeutschen Mundarten „Apfel". Gern verschlucken Wiesbadener Buchstaben wie das „r" in „Wodd". Im Rhein-Main-Gebiet, insbesondere in den Städten, hat sich eine Ausgleichssprache gebildet, in der sich kleinere Unterschiede innerhalb der Region verwischt haben. Unverkennbar hat im Wiesbadener Dialekt das Französische seine Spuren hinterlassen. Ältere Wiesbadener würden jedenfalls nicht von Bürgersteig sprechen, sondern von „Trottewa" (aus Trottoir). Ob der in Wiesbaden verwendete Ausdruck „Bällsche" für Eiskugeln auf das französische Boule zurückgeht, ist dagegen unklar.

Franz Bossong (1872-1914) dichtete wiesbadenerisch.

Obwohl das Hessische nicht überall das beste Image hat, sind viele Wiesbadener stolz, etwas „hessisch babbele" zu können. Die Frage nach der jeweils angemessenen Sprache hat hier durchaus Tradition. So lebte Konrad Duden von 1905 bis zu seinem Tod 1911 in Wiesbaden-Sonnenberg und arbeitete an seinem berühmten Wörterbuch, und 1947 wurde hier die „Gesellschaft für deutsche Sprache" gegründet, die auch eine – allerdings auf das Hochdeutsche bezogene – Sprachberatung anbietet.

Gibt es hier häufig – Handkäs mit Musik

Aus hiesigen Küchen und Weinkellern

43

Weinführungen im Neroberg können über den Wiesbadener Tourist-Service gebucht werden: www.wiesbaden.de/tourismus/

Das Wiesbadener Angebot an kulinarischen Spezialitäten ist international und reicht von afghanischer bis zu tschechischer Küche. Hin und wieder lieben aber auch die in Sachen Kulinarik aufgeschlossenen Wiesbadener Regionales. Die Wiesbadener Küche ist traditionell deftig und kombiniert Fleischgerichte wie Rippchen häufig mit Sauerkraut. Soll es mal etwas feiner sein, wird gern mit regionalem Wein gekocht, zum Beispiel Woihinkelsche (Hühnchen mit Wein), aber auch Vegetarisches wie Handkäs mit Musik (in Öl, Essig und Zwiebeln eingelegter Handkäse) kommt häufig auf den Tisch, oder auch der aus Rheinhessen stammende Spundekäs, eine Mischung aus Frischkäse, Butter oder Quark, Zwiebeln und Paprika, die zum Wein gereicht wird. Gerichten wie „Haschee", Hackfleisch mit viel Zwiebeln, merkt man – zumindest im Namen – französischen Einfluss an.

Wiesbaden gehört zur Weinregion Rheingau und verfügt über mehrere Weinanbaugebiete in der Kernstadt und in den Vororten. In der Kernstadt wird Wein auf dem Neroberg, dem Wiesbadener Hausberg, angebaut.

Der Wiesbadener Weinbau geht auf die römische Zeit zurück.

Weitere Weinanbaugebiete gibt es in Kostheim, Frauenstein, Dotzheim, Schierstein und Delkenheim. Wie häufig im Rheingau überwiegt der Anbau von Riesling. Soll es im Weinlokal einmal nicht so viel sein, kann man in Wiesbaden wie in Rheinhessen übrigens ein „Piffchen" (hessisch: Piffsche) verlangen und bekommt dann ein kleines 0,1-Liter-Glas – sehr praktisch, wenn man mehrere Weine probieren möchte.

44 Lichtdurchflutet und mittendrin

Lumen
Marktplatz
65183 Wiesbaden
Tel.: 0611 300200
www.lumen-wiesbaden.de

Der Name des Restaurants, „Lumen", ist gut gewählt, denn das am Marktplatz zwischen Marktkirche und Stadtmuseum liegende Gebäude besteht zu einem großen Teil aus Glas und wird abends durch Beleuchtung in Szene gesetzt. Hier kann man nicht nur zu Mittag oder zu Abend essen, sondern auch an der Bar einen Cocktail genießen, Kaffee trinken oder – **Wiesbaden ist nicht unbedingt eine Stadt der Frühaufsteher** – bis 12 Uhr frühstücken. Neben Gerichten aus der deutschen Küche gibt es internationale Spezialitäten. Im Sommer hat man von der großen Terrasse einen guten Blick auf die Wiesbadener Mitte.

Einkehren im Herzen Wiesbadens

45

Kino, wie es früher einmal war

Das Kino ist von 1926, die denkmalgeschützte Innenarchitektur von 1955. Der Name der „Caligari Filmbühne" bezieht sich auf den expressionistischen Stummfilmklassiker „Das Cabinet des Dr. Caligari" von Robert Wiene. Kinotradition bestimmt auch das Programm: Gespielt werden vielfach Klassiker der Filmgeschichte, dazu Arthouse-Produktionen mit künstlerischem Anspruch. Das für seine Programmgestaltung wiederholt mit Preisen ausgezeichnete Haus, das der in Wiesbaden geborene Volker Schlöndorff als **„Juwel unter den deutschen Lichtspielhäusern"** bezeichnete, untersteht heute dem Wiesbadener Kulturamt.

Caligari Filmbühne
Marktplatz 9
65183 Wiesbaden
Tel.: 0611 315050
www.wiesbaden.de/microsite/caligari

Außen schlicht, innen mit nostalgischem Charme

46

Wiener Kaffeehaus

Café Maldaner GmbH
Marktstraße 34
65183 Wiesbaden
Tel.: 0611 305214
www.maldaner1859.de

Das Café Maldaner gilt als erstes original Wiener Kaffeehaus Deutschlands. Tatsächlich fühlt man sich hier an die Donau versetzt, denn wie in Wiener Cafés kann man bis in den frühen Abend bei einem Kaffee sitzen und Zeitung lesen oder das Kommen und Gehen der anderen Gäste beobachten. **1859 wurde das Café von Adam Maldaner eröffnet** und zog 1908 an den heutigen Ort. Seitdem ist es eine Wiesbadener Institution. Neben Kaffee gibt es in nostalgischer Atmosphäre Kuchen und Torten aus der hauseigenen Konditorei, Frühstück und seit einiger Zeit sogar ein eigenes Zahlungsmittel, den „Maldaner-Taler".

Verlockendes Angebot bei Maldaner

Das Wissen als Symbol für die Presse

47

… ist in der Zeit von Fake News ein wichtiges – **die Allegorie des Wissens steht als Kupferstatue an der Spitze des Giebels des sandsteinernen Pressehauses**, eines späthistoristischen, von den Architekten Lang & Wolff entworfenen Baus, der neobarocke mit Jugendstilelementen verbindet und 1909 eröffnet wurde. Louis Schellenberg, Spross der alteingesessenen Wiesbadener Verlegerfamilie, hatte das Haus für das Wiesbadener Tagblatt erbauen lassen; seit 1945 residiert dort der Wiesbadener Kurier; ein Umbau, der den Denkmalschutzpreis 2017 erhielt, hat nun außerdem Wohnungen und Ladenflächen geschaffen.

Pressehaus
Langgasse 21
65183 Wiesbaden

Giebel des Pressehauses

48 Kaffee ohne Häutchen

Hepa-Kaffee GmbH
Kleine Schwalbacher Straße 14
65183 Wiesbaden
Tel.: 0611 34132969 (Café)
www.hepakaffee.de

Kaffeeröstereien sind für Wiesbaden an sich schon ungewöhnlich, noch ungewöhnlicher ist aber die Art der Kaffeeherstellung in der Hepa-Rösterei. **Anders als bei herkömmlichen Verfahren werden die Samenhäutchen der Bohnen entfernt** und der Kaffee enthält dadurch weniger Bitterstoffe und ist bekömmlicher. Nach diesem Verfahren wird der Wiesbadener Hepa-Kaffee seit 1949 hergestellt. Im nostalgisch eingerichteten Café in der Kleinen Schwalbacher Straße kann man seit 2008 verschiedene Kaffeesorten (natürlich auch Tee und Kakao) begleitet von leckeren Torten kosten und im Laden gleich nebenan kaufen.

Kaffee trinken – einmal anders

Denkmal für ein Original

49

Wer in den 80ern in Wiesbaden lebte, kannte Waldemar Reichhard, den „Knoblauch(könig)". Am Mauritiusplatz referierte er in Bühnenlautung über die Knolle, die er reichlich konsumierte, oft lang, manchmal kurz: **„Knoblauch ist besser als Sex!"** Eigentlich war er Opernsänger, aber irgendwann entglitt ihm sein bürgerliches Leben. Die Wiesbadener zollten ihrem, wohl letzten, Original Respekt, besuchten 1988 zahlreich seine Beerdigung und setzten ihm in der Kleinen Schwalbacher Straße (früher ein Rotlichtviertel) 2009 ein von Jacqueline Weigand entworfenes und von Reinhold Petermann realisiertes Denkmal.

Knoblauch-Denkmal
Kleine Schwalbacher Straße (gegenüber Hepa-Kaffee)

Der „Knoblauch" in typischer Haltung

50 Lesen in nostalgischer Atmosphäre

Hochschul- und Landesbibliothek RheinMain
Rheinstraße 55–57
65185 Wiesbaden
Tel.: 0611 94951820

Im Lesesaal der Hessischen Landesbibliothek – jetzt Teil der Hochschulbibliothek Rhein-Main – fühlt man sich wie in alten Zeiten: Holz vom Erdgeschoss bis zur Galerie, lange Reihen mit Lesetischen, ein erhöhter Arbeitsplatz für das Aufsichtspersonal, dezente Beleuchtung und herrliche Ruhe. **Die 1813 als Herzoglich Nassauische Öffentliche Bibliothek gegründete Institution beherbergt Schätze**: Bücher und Handschriften, die in die frühe Neuzeit und das Mittelalter zurückreichen, darunter eine sehr umfangreiche Nassovica-Sammlung. Der Neubau von 1913 an der Rheinstraße war früher ein Lieblingsplatz der Autorin.

Schöner Leseort – die Landesbibliothek

Eines der ältesten Häuser der Stadt

51

Ob das nach dem Geheimen Regierungsrat Friedrich Carl Schenck, seinem ersten Eigentümer, benannte Haus nach Plänen von Christian Zais, einem der großen Architekten der Wiesbadener Baugeschichte, errichtet wurde, ist nicht restlos geklärt, aber wahrscheinlich. In jedem Fall ist das von 1813 bis 1817 erbaute zweistöckige Haus mit Säulenportikus in der Mitte, das eines der ältesten der Innenstadt ist, **ein schönes Beispiel für klassizistische Baukunst**. Mit seiner Errichtung in der damals frisch erschlossenen Friedrichstraße übernahmen sich zwei Bauherren finanziell, bevor Schenck es fertigstellen ließ.

Schenck'sches Haus
Friedrichstraße 32
65185 Wiesbaden
(Besichtigung nur von außen)

Purer Klassizismus – das Schenck'sche Haus

52

Repräsentativer Vereinssitz

Wiesbadener Casino-Gesellschaft
Friedrichstraße 22
65185 Wiesbaden
www.casino-gesellschaft.de

Mit dem Spielcasino hat es nichts zu tun, das prächtige Gebäude in der Friedrichstraße, das die 1816 zur Förderung von Kultur und Geselligkeit gegründete Casino-Gesellschaft in den Jahren 1872 bis 1874 als repräsentativen Sitz errichten ließ. **Der Name „Casino" wurde von italienischen Landhäusern abgeleitet.** Der Architekt Wilhelm Bogler orientierte sich an Renaissance-Palästen und an den Werken Gottfried Sempers. Bei den regelmäßig stattfindenden Konzerten, Tanzveranstaltungen, Ausstellungen und Vorträgen kann man nebenbei auch das prächtige – noch originale – Innenleben des Hauses bewundern.

Bankhaus und Vereinssitz

Entstehungsort eines Meisterwerks

53

Ruhe brauchte Johannes Brahms für die Arbeit an der 3. Symphonie in F-Dur (op. 90, auch „Wiesbadener Symphonie“ genannt), die im Sommer 1883 in Wiesbaden entstand; aber auch die schöne Aussicht, und die Möglichkeit, durch einen Hintereingang schnell den Neroberg zu erreichen, wo er gern spazieren ging, sollen eine Rolle bei der Auswahl der Unterkunft in der Villa in der damaligen Geisberger Straße gespielt haben. **Eine Verbindung nach Wiesbaden hatte Brahms durch die befreundete Familie von Beckerath**, bei der er (in der Adolfsallee 23) oft zu Gast war, und durch die Sängerin Hermine Spies.

Brahms-Villa
Schöne Aussicht 7
(damals Geisberger Straße 19)
65193 Wiesbaden
(Besichtigung nur von außen)

Gedenkplakette am Haus

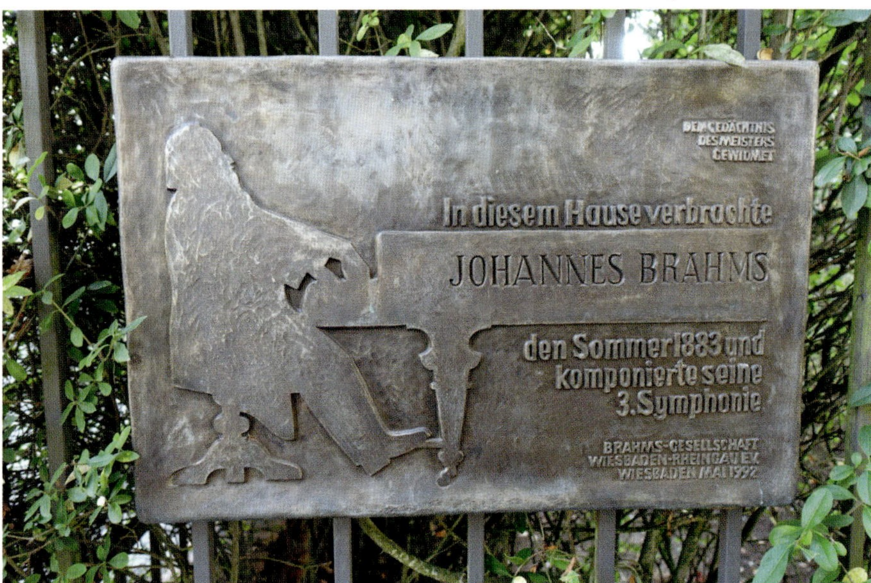

54

Panorama der Heilpflanzen

Apothekergarten
Aukammallee 39
65191 Wiesbaden
www.apothekergar ten-wiesbaden.de

Seit 1986 befindet sich längs der Aukammallee ein Garten, der sich von den anderen Wiesbadener Grünflächen dadurch unterscheidet, dass er ausschließlich Heilpflanzen versammelt und bei seiner Anlage nicht nur die Optik ausschlaggebend war, sondern auch **der didaktische Wunsch, die Besucher mit diesen Pflanzen und ihrer Wirkung vertraut zu machen**. Der „Apothekergarten" geht auf eine Idee von Rita de la Chevallerie zurück und wurde von der Stadt und der Wiesbadener Apothekerschaft finanziert. Heute ist der Garten 5.500 Quadratmeter groß und versammelt 250 verschiedene Heilpflanzen – und sehr schön ist er auch.

Alles gut beschildert

Wiesbadens Weißes Haus

55

Der Sektfabrikant Friedrich-Wilhelm Söhnlein ließ 1903 bis 1906 von den Schweizer Architekten Pfleghard und Haefeli eine Villa errichten. Seine Frau Emma Pabst, Miterbin einer Brauerei, stammte aus Milwaukee (USA). **Das soll der Grund dafür gewesen sein, dass die Gestaltung des Baus an das Weiße Haus in Washington angelehnt wurde.** 1945 bis 1990 wurde die Villa von amerikanischen Militärbehörden genutzt; zeitweise war hier der „Eagle Club", ein Offiziersklub, untergebracht. Präsent sind die US-Streitkräfte in Wiesbaden bis heute – in Erbenheim befindet sich das Hauptquartier der U.S.-Army Europe.

Villa Söhnlein-Pabst
Paulinenstraße 7
65189 Wiesbaden
(Besichtigung nur von außen)

Fast wie in Washington

56

Gottesdienste für Kurgäste

Church of Saint Augustine of Canterbury

Frankfurter Straße 3
65189 Wiesbaden
Tel.: 0611 306674
staugustines.de

Wiesbaden versuchte, seinen Kurgästen jede Annehmlichkeit zu bieten, und ermöglichte ihnen, auch während der Kur ihre Religion nach ihrem vertrauten Ritus auszuüben. Deshalb gab (und gibt) es russisch-orthodoxe und anglikanische Gottesdienste. Für die anglikanischen Gottesdienste wurde 1863 bis 1865 unweit des Kurviertels nach Plänen des herzoglichen Oberbaurats Theodor Goetz ein repräsentatives Gotteshaus in der englischen Spielart der Neogotik errichtet. **Der Turm wurde nach Plänen von Friedrich Lang 1887/88 ergänzt.** Auch die aus England stammende „Kaiserin Friedrich" besuchte hier Gottesdienste.

Backsteingotik wie in England

Kunstförderung seit 1847

57

1847 wurde der Nassauische Kunstverein als „Gesellschaft von Freunden der bildenden Kunst im Herzogtum Nassau" gegründet, widmete sich der Förderung von Kunst und Kultur und führte Aufsicht über die staatliche Kunstsammlung. Nach dem Bau des Museums veranstaltete er dort bemerkenswerte Ausstellungen mit Malern der klassischen Moderne. **Seit 1979 ist er in der Wilhelmstraße ansässig und bietet dort regelmäßig Wechselausstellungen an.** Der Verein war immer offen für neue Kunstströmungen wie „Fluxus". Zur Erinnerung an Wiesbaden als Wiege des Fluxus rief er das Stipendium „Follow Fluxus" ins Leben.

Nassauischer Kunstverein Wiesbaden
Wilhelmstraße 15
65185 Wiesbaden
Tel.: 0611 301136
www.kunstverein-wiesbaden.de

Kunst hinter Gründerzeitfassade

58 Literatur in historischem Ambiente

Literaturhaus
Villa Clementine
Frankfurter Straße 1
65189 Wiesbaden
Tel.: 0611 315745
www.wiesbaden.de/
literaturhaus

Benannt ist die 1877 bis 1882 erbaute Villa Clementine nach der Frau des Bauherrn Ernst Mayer. Bemerkenswert ist sie neben der interessanten Architektur mit Doppelfassade als Schauplatz des „Wiesbadener Prinzenraubes", bei dem der serbische König Milan 1888 seinen Sohn Alexander, der dort mit seiner Mutter, Königin Natalie, wohnte, mit Rückendeckung Wilhelms II. nach Serbien verbringen ließ. Interessant ist sie außerdem heute als Standort des Literaturhauses – der Schwerpunkt der Veranstaltungen liegt auf deutschsprachiger Gegenwartsliteratur, aber auch osteuropäische Literatur steht im Fokus.

Haus mit Geschichte – die Villa Clementine

Süße Mitbringsel

59

Die Geschichte der Pralinen- und Schokoladenmanufaktur Kunder begann in der großen Zeit Wiesbadens als Kurstadt. 1898 eröffneten Fritz und Hermine Kunder ein Café. Seit 1903 konnten die Kurgäste dort süße Mitbringsel erwerben: **die immer noch erhältlichen Wiesbadener Ananastörtchen, eine Kreation aus Marzipan, Nougat und Ananas (damals eine luxuriöse Frucht)**. Eine weitere traditionelle Köstlichkeit sind die Teufelsbirnchen mit hochprozentiger Füllung. Seit 1957 ist das Stammhaus am heutigen Standort, wo es inzwischen über 100 Pralinensorten, handgefertigte Tafelschokoladen und vieles mehr gibt.

Kunder
Stammhaus
Chocolateria
Wilhelmstraße 12
65185 Wiesbaden
Tel.: 0611 301598
www.kunder-confiserie.de

Hier kann man auch stilvoll Kaffee trinken

60

Ursprünglich ein Gasthaus

Hotel Nassauer Hof
(mit Restaurant
„Ente vom Lehel")
Kaiser-Friedrich-Platz 3–4
65183 Wiesbaden
Tel.: 0611 1330
www.nassauer-hof.de

Als Wiesbaden zur Weltkurstadt wurde, wurden aus Gasthäusern Luxushotels. Eines davon war der Nassauer Hof. 1813 war er, noch unter anderem Namen, als Gasthaus gegründet worden. Als nach dem Abriss des Hoftheaters nebenan ein attraktiver Bauplatz frei wurde, kauften ihn die Besitzer und ließen von 1898 bis 1907 das Hotel als repräsentativen neobarocken Neubau errichten. **Hier war der Hochadel zu Gast.** Noch heute kann man hier in Thermalwasser baden und Wellnessangebote wahrnehmen. Das Restaurant im Haus, die von Hans-Peter Wodarz gegründete „Ente vom Lehel", wurde mit einem Michelin-Stern ausgezeichnet.

Immer schon eines der ersten Häuser

Augen- und Gaumenschmaus

61

Das Café Blum ist ein traditionelles Wiesbadener Kaffeehaus. Bereits 1878 eröffnete es, zunächst an der Schützenhofstraße, später an der von prächtigen Häusern gesäumten Wilhelmstraße, und verwöhnte die Kurgäste mit Torten und Heißgetränken. Torten gibt es natürlich immer noch, und sie sind mit ihren hochwertigen Zutaten und aufwendigen Verzierungen für Gaumen und Augen ein Vergnügen. **Inzwischen gibt es aber auch eine Auswahl an Frühstücksangeboten und an herzhaften Mittagsgerichten.** Man kann in stilvoller Atmosphäre drinnen, aber auch draußen mit Aussicht auf die Wiesbadener Rue sitzen.

Café Blum
Wilhelmstraße 60
65189 Wiesbaden
Tel.: 0611 300007
www.cafe-blum.de

Drinnen und Draußen einen Besuch wert

62 Vom Hotel zur Staatskanzlei

Hessische Staatskanzlei
Georg-August-Zinn-Straße 1
65183 Wiesbaden

Das Hotel Rose ist am Kochbrunnenplatz seit 1500 als Gast- und Badehaus nachgewiesen, der heutige Bau ist aber ein gründerzeitlicher: 1896 erging die Baugenehmigung, der Bau zog sich länger hin. **Auch das „neue" Haus hat bereits eine wechselhafte Geschichte**: 1935 übernachtete Hitler hier, 1945 wurde das Gebäude von den Amerikanern beschlagnahmt, 1959 wieder ein Hotel eröffnet. In den 90er Jahren wollte der Bauunternehmer Dr. Jürgen Schneider den Bau in ein Luxushotel umbauen, ging dann aber pleite. Seit 2004 logiert hier die hessische Staatskanzlei, die Regierungszentrale des Landes Hessen.

Erst Luxushotel, dann Regierungssitz

Badehaus, Verlagssitz, Theaterstandort

63

Die Fassade des 1831 als Badehaus errichteten klassizistischen Pariser Hofs ist – bis auf ein paar nachträgliche Stuckverzierungen – im Originalzustand. Lange Zeit befand sich hier auch ein Hotel. 1945 zog vorübergehend eine Reihe von Verlagen – unter anderem Brockhaus, Insel und die Dieterichsche Verlagsbuchhandlung –, die die Amerikaner von Leipzig hierher transponiert hatten, nach einem kurzen Intermezzo im Pressehaus in den Bau ein. Daneben ging der Badebetrieb weiter. **Seit 1986 spielt hier das „Theater im Pariser Hof" (bis 2014 „Pariser Hoftheater")**, eine Kleinkunstbühne mit vielfältigem Programm.

Theater im Pariser Hof
Spiegelgasse 9
65183 Wiesbaden
Tel.: 0611 44764644
www.theaterimpariserhof.de

Früher Bade- und Verlagshaus, jetzt Theater

64 Wellness in historischem Ambiente

Kaiser-Friedrich-Therme
(textilfrei)
Langgasse 38-40
65183 Wiesbaden
https://wiesbaden.de//microsite/mattiaqua/kaiser-friedrich-therme/

Baden und Besichtigen müssen keine sich ausschließenden Alternativen sein. Die Kaiser-Friedrich-Therme, von A. O. Pauly 1910 bis 1913 als Kaiser-Friedrich-Bad erbaut, bietet heute noch alle Annehmlichkeiten eines Thermalbades – gespeist vom heißen Wasser der Adlerquelle. Zwar ist die Fläche des ehemaligen Bades heute reduziert, aber **große Teile sind im Original erhalten und das heißt: im Jugendstil**. Daneben hat die Anlage viele Inspirationen aus der römischen Antike aufgenommen, was sich auch in den Bezeichnungen der Räume niederschlägt. Außerdem gibt es eine Sauna und ein russisches Dampfbad.

Innen und außen historistisch

Ein Antiquariat alter Schule

65

… betreibt Thomas Wiederspahn. Eine Webseite hat er nicht, und er verkauft auch nicht über das Internet, sondern er vertraut auf die tolle Lage seines Ladens, sein umfangreiches und vielseitiges Sortiment und seine Fähigkeit, mit Kunden ins Gespräch zu kommen. Hier kann man Vieles finden: Bücher über die Geschichte Wiesbadens und des Herzogtums Nassau, den Rhein und die ganze Gegend drumherum, ebenso wie Belletristik, Altphilologie und Philosophie, jahrhundertealte Wälzer, die viele hundert Euro kosten, ebenso wie neuere Bücher, teils für wenig Geld. Man darf stöbern. Und wird meistens auch fündig.

Antiquariat Wiederspahn
Webergasse 35
65183 Wiesbaden
Tel.: 0611 3083166

Große Auswahl bei Wiederspahn

66

Auf historischem Gelände

Radisson Blu Schwarzer Bock Hotel Wiesbaden

Kranzplatz 12
65183 Wiesbaden
Tel.: 0611 1550
www.radissonblu.com/de/hotel-wiesbaden

Der Schwarze Bock, eines der Traditionshotels Wiesbadens, befindet sich heute in einem Gebäude aus dem 20. Jahrhundert. Vorher haben hier viele andere gestanden, seit 1486 ein Badehaus – **noch heute gibt es eine eigene Thermalquelle** – und im Keller wurden sogar römische Überreste gefunden. Einer der berühmtesten Gäste war Dostojewski, der hier am „Spieler" schrieb, und nach dem die Dostojewski Bar benannt ist, die 2007 eine Auszeichnung als schönste Hessens erhielt. Das Ingelheimer Zimmer, dessen Ausstattung aus dem dortigen Schloss stammt, bietet den Rahmen für ein opulentes Frühstücksbuffet.

Traditionshaus am Kranzplatz

Jede halbe Stunde ein Hingucker

67

Wenn sich zur halben und vollen Stunde Menschen in der Burgstraße versammeln und gespannt nach oben schauen, ist das kein Flashmob, sondern durch die dort befindliche überdimensionale Kuckucksuhr bedingt, die 1946 an einem Schaufenster angebracht wurde und auch nach Jahrzehnten noch Touristengruppen anzieht. Den **Ruf als größte Kuckucksuhr der Welt** macht ihr zwar eine im Schwarzwald streitig, zweifellos ist es aber eine der größten und eine Wiesbadener Attraktion. Im dazugehörigen Geschäft kann man Andenken, von preisgünstig bis kostspielig, erwerben und natürlich auch – kleinere – Kuckucksuhren.

Kuckucksuhr Geschenkartikel
Gebr. Stern GmbH
An den Quellen 3
65183 Wiesbaden
Tel.: 0611 302112
www.gifts-from-germany.com

Hier gibt es auch Souvenirs

68

27.531 Wiesbadener Bürger

Alter Friedhof
Platter Straße 11 b
65193 Wiesbaden

… wurden auf dem 1832 eröffneten Alten Friedhof begraben, darunter die Architekten und Stadtbaumeister Christian Zais und Philipp Hoffmann sowie der durch das nach ihm benannte Institut bekannte Chemiker Carl R. Fresenius. 1877 wurde der Nordfriedhof geschaffen, und der Alte Friedhof, der vorher mehrfach erweitert worden war, verlor an Bedeutung. Deshalb wurde er 1933 teilweise in einen Park umgewandelt, 1977 ganz in einen Freizeitpark. **128 denkmalschützerisch wertvolle Grabmäler sind erhalten** und wurden in die Parkanlage integriert, darunter das Mausoleum für die Herzogin Pauline von Nassau.

Blick in den Alten Friedhof

Gründerzeit-Krankenhaus

69

Der starke Bevölkerungszuwachs Wiesbadens im 19. Jahrhundert machte die Einrichtung einer städtischen Klinik notwendig. Sie wurde nach Entwürfen von Martin Gropius und Heino Schmieden bis 1879 **auf dem Gelände des römischen Kastells an der Schwalbacher Straße errichtet**, in den folgenden Jahrzehnten ständig erweitert und bis weit ins 20. Jahrhundert genutzt. Erst ab 1976 bis 1982 wurde ein neuer Klinikkomplex auf dem Freudenberg gebaut und nach dem hessischen Sozialminister Horst Schmidt benannt. Die ältesten Gebäude der Alten Kliniken sind an der Ecke Schwalbacher Straße/Kastellstraße erhalten.

Früher fortschrittlich – Alte Städtische Kliniken

70

Wiesbaden kosmopolitisch

Restaurant Kitano
(koreanisch)
Tel.: 0611 7244150
www.kitano-wiesbaden.com

Günay's Fisch
Tel.: 0611 98867897
https://guenays-fisch.de

Wiesbaden hat viele Beziehungen ins Ausland, aber so viele Nationen auf engem Raum gibt es in der Stadt sonst nirgends: **In der Wellritzstraße leben Menschen aus etwa 25 Nationen.** Ein Bummel lohnt sich vor allem wegen der kulinarischen Spezialitäten. Orientalische Süßigkeiten, ein reiches Fischangebot, Restaurants aus allen möglichen Ländern, meist zu gemäßigten Preisen – da findet jeder etwas, zum Beispiel im Restaurant Kitano (koreanisch, Wellritzstraße 28) oder bei Günay's Fisch (türkisches Fischrestaurant, Schwalbacher Straße 50, Ecke Wellritzstraße). Und nahe am Zentrum ist es auch noch.

Blick ins Sortiment eines Obsthändlers

Traditionelles Konditoren-Handwerk

71

25.000 Heimatvertriebene hat Wiesbaden nach dem Zweiten Weltkrieg aufgenommen. Das Deutsche Kulturforum östliches Europa im Haus der Heimat (Friedrichstraße 35) widmet sich in Kooperation mit osteuropäischen Partnern ihrem Gedenken. Ihre Nachfahren fühlen sich heute als Wiesbadener. In der Konditorei Gehlhaar, früher Treffpunkt vieler Vertriebener, wird bis heute Königsberger Marzipan hergestellt, nach dem Originalrezept der 1912 in der Hauptstadt Ostpreußens gegründeten Firma, **aus Mandeln, Zucker und Rosenwasser, ohne Konservierungsstoffe**, man muss es bald verzehren, aber das fällt nicht schwer.

Konditorei Café Gehlhaar
Klarenthaler Straße 3
65197 Wiesbaden
Tel.: 0611 442832
https://gehlhaar-marzipan.eu

Marzipan nach Königsberger Rezept

72

Nachlässe Wiesbadener Künstler

Kunstarche Wiesbaden e. V.
Im Rad 42
65197 Wiesbaden
Tel.: 0611 23838690/525391
www.kunstarche-wiesbaden.org

… werden in der Kunstarche gerettet. Dass hier ein Hort der Kunst ist, sieht man dem unscheinbaren grauen Bau, der auch das Stadtarchiv beherbergt, erst einmal nicht an. 2011 ergriffen die drei Wiesbadener Künstler Arnold Gorski, Johannes Ludwig und Wolf Spemann die Initiative zur Gründung eines Vereins, der die Nachlässe nicht nur aufbewahrt, sondern auch **regelmäßige Ausstellungen mit Wiesbadener Kunst des 20. und 21. Jahrhunderts** organisiert. Publikationen und Vorträge ergänzen die Aktivitäten. Es ist erstaunlich, wie viele interessante moderne Künstler Wiesbaden hervorgebracht hat.

Hier werden nicht nur Urkunden archiviert

Frauen in Geschichte und Gegenwart

73

Etwas versteckt, in einem Hinterhaus der Wörthstraße, warten spannende Museumserlebnisse auf die Besucher und Besucherinnen. **Seit 1984 befindet sich hier das Frauenmuseum, das regelmäßig Wechselausstellungen zeigt** und dazu Begleitveranstaltungen anbietet. Das Spektrum reicht von Werkschauen von Künstlerinnen bis zu kulturhistorisch ausgerichteten Ausstellungen, beispielsweise zur Wiesbadener Frauengeschichte. Alle Ausstellungen richten ihren Fokus auf die Lebenswelten von Frauen. Gründerinnen des Museums waren Frauen, die sich im Verein Frauenwerkstatt WI e.V. zusammengeschlossen hatten.

frauen museum wiesbaden
Wörthstraße 5
65185 Wiesbaden
Tel.: 0611 3081763
www.frauenmuseum-wiesbaden.de

Spannende Ausstellungen im Hinterhaus

74

Kunst auf dem Schulberg

Kunsthaus Wiesbaden
Schulberg 10
65183 Wiesbaden
www.kunsthauswiesbaden.org
Renovierung bis voraussichtlich 2021 (Ausstellungen im Neubau gehen weiter.)

Eine Grundschule war er, seit 1919 eine Kunstgewerbeschule und anschließend Sitz der Werkkunstschule, der von Philipp Hoffmann entworfene gründerzeitliche Bau von 1863. **Das Gebäude auf dem Schulberg wirkt wie ein klassizistisches Palais.** Heute ist das Kunsthaus, das 2011 durch einen kubusförmigen Neubau ergänzt wurde und dem Kulturamt Wiesbaden untersteht, Ausstellungs- und Veranstaltungsort. Auch Ateliers befinden sich hier. In der Artothek kann man sich Kunstwerke aus einem Bestand von über 2.000 Werken ausleihen. Für Nicht-Wiesbadener lohnen sich vor allem die vielfältigen Ausstellungen.

Auch während des Umbaus aktiv

Wie vor 150 Jahren

75

1860 ist hier erstmals ein Apfelweinausschank erwähnt, und auch der Name stammt aus dieser Anfangszeit: **„Bobbeschänkelche" bedeutet so viel wie „Puppenschänke"**. Bis heute hält man hier viel auf die Tradition, das Ambiente ist kaum verändert: der mit viel Holz ausgestattete Innenraum, die farbigen Fenster mit Bleiverglasung, die Weinstöcke. Auch das Essen, das Gudrun und Rainer Loß, beide gebürtige Wiesbadener, servieren, ist traditionell. Es gibt deutsche Küche mit regionalen Bezügen, zum Beispiel Handkäs mit Musik oder Spundekäs, und das Lokal wird seit 140 Jahren von derselben Brauerei beliefert.

Restaurant Bobbeschänkelche
Röderstraße 39
65183 Wiesbaden
Tel.: 0611 527959
www.bobbeschaenkelche.de

Rest der alten Bebauung

76

Im Schatten der Taunusstraße

Kortheuer
Nerostraße 26
65183 Wiesbaden
Tel.: 0611 522904

Schon vor ihrer großbürgerlichen Parallelstraße, der Taunusstraße, **wurde ab 1809 die Nerostraße angelegt, mit kleinen und weniger aufwendig verzierten Häusern**, in denen sich Handwerker und kleinere Gewerbetreibende ansiedeln sollten. Das hatte Erfolg, und bald war die Nerostraße ebenso belebt wie später die Taunusstraße. Zahlreiche kleinere Häuser sind noch erhalten, und es gibt auch noch Handwerksbetriebe. Die Straße wurde jedoch später zur Kneipenstraße mit zahlreichen Einkehrmöglichkeiten. Das urige „Kortheuer" in der Nr. 26, einem ehemaligen Laden, ist hier schon seit den 80er Jahren ansässig.

Blick in die Nerostraße

Ein Sommerschwimmbad

77

... sollte das 1934 eingeweihte Opelbad nach dem Willen der Stadt Wiesbaden werden. Das am Hang des Neroberges gelegene, von den Architekten Franz Schuster und Edmund Fabry gemeinsam mit dem Gartengestalter Wilhelm Hirsch im Bauhausstil entworfene Bad ist nach dem Industriellen Wilhelm von Opel benannt, der 150.000 Mark für den Bau spendete. **Die Baugestaltung erinnert an ein auf dem Neroberg schwimmendes Schiff**, mit dem badeigenen Restaurant als Kommandobrücke und einem Geländer als Reling. Das 2018 sanierte Bad gilt als eines der schönsten Deutschlands; seine Bauten stehen unter Denkmalschutz.

Opelbad
Neroberg 2
65193 Wiesbaden
Tel.: 0611 17464990
www.wiesbaden.de/microsite/mattiaqua/frei-hallenbaeder/freibad-opelbad

Eines der schönsten Bäder Deutschlands

78 Räuberunterschlupf?

Leichtweißhöhle
Öffnungszeiten und Informationen: www.wiesbaden.de/leben-in-wiesbaden/freizeit/natur-erleben/stadtwald/leicht weisshoehle.php

Heinrich Anton Leichtweiß, der im 18. Jahrhundert – wohl zu Unrecht – wegen Einbruchs und Wilderei verurteilt und später zum Räuberhauptmann verklärt wurde, fand nach seiner Haft in der heute nach ihm benannten Höhle im hinteren Nerotal Zuflucht und wurde dort 1791 aufgegriffen. Die von Natur aus recht kleine Höhle geriet danach zunächst in Vergessenheit. Als Wiesbaden verstärkt Kurgäste anzog, wurden sie und ihre Umgebung **1856 mit viel Fantasie in romantisierender Weise als Ausflugsziel ausgebaut**. Im 20. Jahrhundert verfiel die Höhle, wurde 1983 dann aber renoviert und wiedereröffnet.

Unterschlupf, heute mit Metalltür gesichert

Bürgerliches Wohnen

79

Die von 1868 bis 1870 im Zuge der Stadterweiterung der Gründerzeit angelegte Adolfsallee, benannt nach Herzog Adolph von Nassau, ist eine typische Wiesbadener Straße des späten 19. Jahrhunderts. **Die großzügigen Wohn- und Bürohäuser stehen für die Ansprüche des gehobenen Bürgertums**, das Ambiente ist historistisch, und das städtische Grün wurde mit eingeplant, denn es gibt einen breiten Grünstreifen in der Straßenmitte. Viele Häuser haben zudem Vorgärten. Ein Bummel vorbei an den prächtigen Fassaden lohnt – nicht nur, weil mehrere der Häuser inzwischen als Kulturdenkmäler eingestuft wurden.

Grün in der Straßenmitte

80

Tapas im Gründerzeitambiente

Sherry & Port
Adolfsallee 11
65185 Wiesbaden
Tel.: 0611 373632
www.sherry-und-port.de

Als das „Sherry & Port" 1980 in einem historistischen Haus der Adolfsallee eröffnete, waren Tapas noch etwas Besonderes. Umso neugieriger waren die Wiesbadener und gaben sich die Klinke in die Hand. Tapas sind vielleicht nicht mehr ungewöhnlich, aber der Besucherstrom reißt nicht ab. Neben Tapas und einer umfangreichen Getränkekarte, nicht nur Sherry und Port, gibt es raffinierte Tellergerichte und ein Mittagsmenü. **Besonders nett ist es im Gastgarten auf dem Grünstreifen in der Mitte der Adolfsallee.** Auch Live-Musik hat Tradition. Und welches Lokal verfügt sonst noch über eine eigene „Lokalzeitung"?

Nicht nur eine Tapas-Bar

Ein grünes Entrée

81

Wenn man aus dem Bahnhof heraustritt und die davorliegende Ringstraße überwunden hat, **kann man einen Teil des Weges in die Innenstadt in einem Park zurücklegen**: den ineinander übergehenden Reisinger- und Herbert-Anlagen, von deren hinterem Teil aus man schnell den Warmen Damm erreicht, sodass man den Weg im Grünen fortsetzen kann. 1932 wurde mit dem Bau der Anlagen, für die viel Wasser und einige Skulpturen, darunter eine der Europa auf dem Stier, prägend sind, begonnen. Im Sommer wird die 3,4 Hektar große Parkfläche als Liegewiese, manchmal auch für Open-Air-Veranstaltungen genutzt.

Reisinger- und Herbert-Anlagen
65185 Wiesbaden

Grün gegenüber dem Bahnhof

82 Schatzkiste der deutschen Filmgeschichte

Murnau-Filmtheater
Murnaustraße 6
65189 Wiesbaden
Tel.: 0611 9770841
www.murnau-stiftung.de

Das Murnau-Filmtheater ist architektonisch einer Filmrolle nachempfunden. Betrieben wird es durch eine nach dem Stummfilmregisseur Friedrich Wilhelm Murnau benannte Stiftung, die sich zum Ziel gesetzt hat, das deutsche Filmkunsterbe zu erhalten, zu pflegen und bekannt zu machen. **Der Bestand an entsprechenden Filmen dürfte einmalig sein.** Bei den regelmäßigen Vorführungen werden aber auch ausländische Qualitätsfilme gezeigt. Im benachbarten Deutschen Filmhaus ist auch die Freiwillige Selbstkontrolle der Filmwirtschaft (FSK) untergebracht, die für die Alterszulassung von Filmen zuständig ist.

Einer Filmrolle nachempfunden

Schlachthof, Kulturzentrum, Gedenkort

83

Der Wasserturm hinter dem Bahnhof ist schon von Weitem zu sehen. Er war ein Bestandteil des in den 80er und 90er Jahren des 19. Jahrhunderts errichteten Schlachthofs und diente der Eiserzeugung für die Fleischkühlung. 1994 wurde im Schlachthof ein Kulturzentrum angesiedelt, 2012 die große Halle durch einen Neubau ersetzt. **Der Schlachthof ist eines der wichtigsten Zentren für Popkultur im Rhein-Main-Gebiet**, dessen Programm Popmusik aller Richtungen umfasst, sich darin aber nicht erschöpft. Daneben befindet sich ein Gedenkort für die durch die Nazis von hier aus deportierten Wiesbadener Juden.

Kulturzentrum Schlachthof
Murnaustraße 1
65189 Wiesbaden
Tel.: 0611 974450
www.schlachthof-wiesbaden.de

Früher Schlachthof – heute Kulturzentrum

84

Ein Gruß aus Rheinhessen

Winzerstübchen
Arndtstraße 2
65185 Wiesbaden
Tel.: 0611 371385

Wiesbadener und Rheinhessen betrachten sich zwar gegenseitig oft als „anderen Menschenschlag“, gutes Essen und noch besseren Wein von der anderen Rheinseite möchten sich die Wiesbadener aber dennoch nicht entgehen lassen. Beides gibt es im „Winzerstübchen“: **eine Auswahl saisonaler Gerichte aus der deutschen Küche und Rheinhessenweine direkt vom Winzer zu günstigen Preisen**, die man nicht nur vor Ort verkosten, sondern auch nach Hause mitnehmen kann. Man kann in der rustikalen Wirtsstube sitzen oder in der warmen Jahreszeit im kleinen Gärtchen den Tag ausklingen lassen.

Das Winzerstübchen am Abend

Moderne Antike

85

Durch den Bauboom des 19. und frühen 20. Jahrhunderts zogen viele Neubürger nach Wiesbaden, und die Zahl der Kirchen reichte nicht mehr aus. **Die Katholiken aus dem neu entstandenen Viertel rund um die Waldstraße mussten sich jahrelang mit einer Notkirche behelfen**, bis 1935 endlich das Geld für einen Kirchenbau vorhanden war. Die 1937 geweihte St. Kilianskirche wurde von dem bekannten Kirchenbaumeister Martin Weber (1890–1941) entworfen, der auch Architekt mehrerer moderner Kirchen in Frankfurt war. Der an romanischen Mustern orientierte Bau ist eine gekonnte Verbindung von Altem und Neuem.

Kirchort St. Kilian
Holsteinstraße 15
65187 Wiesbaden
stpeterundpaul-wiesbaden.de/beitrag/kirchort-st-kilian/

Kombination von Altem und Neuem

86

Mutiger Nazigegner

Sterbehaus von Martin Niemöller
Brentanostraße 3
65187 Wiesbaden
(nur von außen zu besichtigen)

In seinem Leben legte Martin Niemöller einen weiten Weg vom U-Boot-Kommandanten im Ersten Weltkrieg zum Friedensaktivisten im „Kalten Krieg" zurück. 1934 war er Mitbegründer des Pfarrernotbundes, der sich gegen die Nationalsozialisten wandte, später im Konzentrationslager inhaftiert und 1947 Kirchenpräsident der Evangelischen Kirche in Hessen und Nassau. **Von 1948 bis 1988 lebte er im Dichterviertel.** Die Autorin hörte als Kind seine wortgewaltigen Gastpredigten in der Lutherkirche. Eine Gedenktafel an seinem Sterbehaus in der Brentanostraße erinnert an den Streiter für Frieden und Gerechtigkeit.

Alterssitz Martin Niemöllers

Verbindung zum Rheingau

87

Die Biebricher Allee verbindet Wiesbaden mit Biebrich und geht auf einen alten Feldweg zurück, der ausgebaut wurde, als die Nassauer Fürsten 1744 ihre Residenz nach Biebrich verlegten. Jetzt konnten nicht nur die Fürsten, sondern auch die Rheingauer Bauern bequem mit ihren Waren zum Markt nach Wiesbaden ziehen. **Mitte des 19. Jahrhunderts wurde die Straße zur Allee ausgebaut und später beidseitig mit Villen bebaut.** Noch heute kann man entlang der Straße ein Potpourri der Gründerzeit-Architektur und der frühen modernen Architektur sehen. Nach dem Zweiten Weltkrieg kamen einige neue Gebäude hinzu.

Gründerzeithäuser in der Biebricher Allee

88 Palast des Sektes

Henkell & Co Sektkellerei und Freixenet S.A.

Biebricher Allee 142
65187 Wiesbaden
www.henkell.com/de/henkell-erleben
www.henkell-freixenet.com

Paul Bonatz, der auch für den Stuttgarter Hauptbahnhof verantwortlich war, hat das **Stammhaus der Sektmarke Henkell** 1907 bis 1909 erbaut. Es ist nicht nur für Architekturliebhaber interessant, denn bei den regelmäßigen Führungen kann man sich auch über die Sektherstellung informieren. Ein Besuch beim Fabrikverkauf lohnt ebenso – günstiger als anderswo gibt es nicht nur Henkell-Sekt in allen Variationen, sondern auch die Produkte verschiedener europäischer Alkoholmarken, die zu Henkell gehören. Darüber hinaus kommen Musikliebhaber auf ihre Kosten – es werden immer wieder Konzertreihen veranstaltet.

Auch ein Werk von Paul Bonatz

Die kühnste Kirche Hessens

89

… würde die Heilig-Geist-Kirche werden, meinte der Wiesbadener Kurier nach der Vorstellung der Pläne. Ungewöhnlich wirkt die von Herbert Rimpl entworfene Kirche, deren Bau 1960 beschlossen wurde, und die aus Beton, Stahl und Holzverschalungen besteht, noch heute. Besonders die abgerundeten Formen von Kirchenschiff und Glockenturm sind charakteristisch. **Das Kirchenschiff ist im Wortsinne aus einem (Beton-)Guss.** Und das Innere zeichnet sich dadurch aus, dass der Altarraum aufgrund raffinierter Lichtführung durch Tageslicht beleuchtet ist, während das Kirchenschiff im Halbdunkel liegt.

Ev. Heilig-Geist-Kirche
Drususstraße 26
65187 Wiesbaden
Tel.: 0611 843445
https://heilig-geist-kirche-wiesbaden.ekhn.de

Kühne Architektur – Die Heilig-Geist-Kirche

90 Vor den Toren Biebrichs

Bekannt ist die Gibb, ein altes Handwerkerviertel am Rande Biebrichs, vor allem durch die nach ihr benannte **Kerb, die jedes Jahr ab Ende Juni auf den Gibber Wiesen stattfindet** und mit einem grandiosen Feuerwerk endet. Die Gibb, die aus dem kleinen Ort Mosbach hervorgegangen ist, hat aber noch anderes zu bieten: Vorstadtcharme mit kleinen verwinkelten Häuschen, kühle Orte am plätschernden Bach, historische Gebäude wie die Geburts- und Wohnhäuser des jüdischen Gelehrten Seligmann Baer und des Philosophen Wilhelm Dilthey, beide aus dem 17. Jahrhundert, und einige nette Einkehrmöglichkeiten.

In der Gibb

Einkehr beim Philosophen

91

Der Philosoph Wilhelm Dilthey ist einer der größten Söhne Wiesbadens oder besser: Biebrichs, denn als er dort 1833 geboren wurde und nah am Schlosspark seine Kindheit verbrachte, war Biebrich noch ein eigenständiger Ort. Nach der Berufung des Vaters zum Pfarrer von Mosbach im Jahr 1837 zog die Familie in das 1696 errichtete heutige Dilthey-Haus. Heute kann man hier einkehren, entweder im Fachwerkhaus oder im lauschigen Gastgarten. **Die Speisekarte bietet deftige deutsche und regionale Gerichte**, auf der Getränkekarte stehen neben dem Üblichen Weine von Rheingauer Winzern und Hanauer Apfelwein.

Dilthey-Haus
Am Schlosspark 129
65203 Wiesbaden-Biebrich
Tel.: 0611 98878666
www.dilthey-haus.de

Informationen am Dilthey-Haus

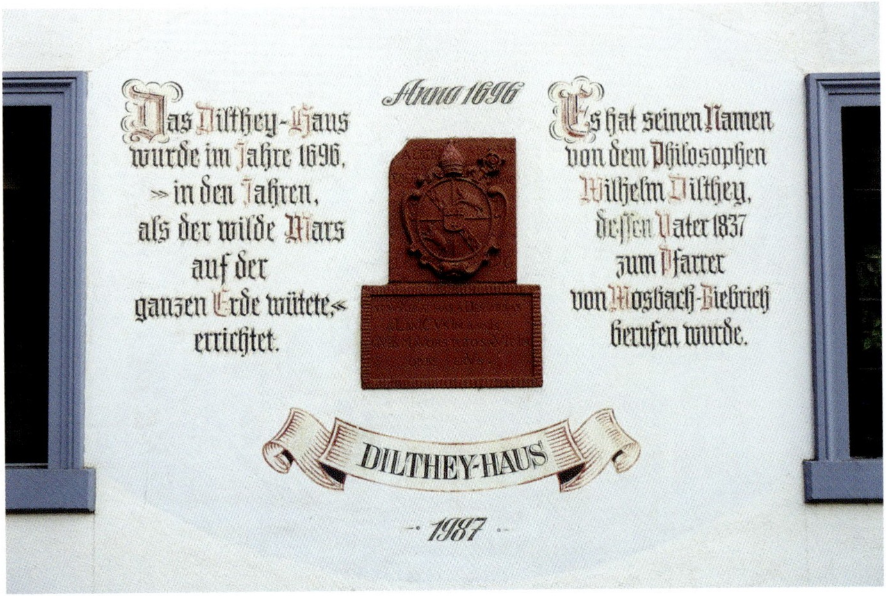

92 Die andere Seite von Biebrich

Biebricher Museum
Rudolf-Dyckerhoff-Straße 4
65203 Wiesbaden
Tel.: 0611 67559
https://vvb.rossmanek.de/museum/

Biebrich – das ist das Schloss und die Rheinpromenade. Stimmt. Aber es gibt mehr: eine lange Wirtschaftsgeschichte, so mit den Industriefirmen Dyckerhoff (Zement) und Kalle-Albert (Chemie), aber auch mit der **Wilhelm Heckel GmbH, die das Heckelphon (ein einer Oboe verwandtes Holzblasinstrument) entwickelte**, es gibt eine lange Alltagsgeschichte, mit Gerätschaften, die heute keiner mehr kennt, zum Beispiel einer Eissäge oder einer Pelznähmaschine. Und es gibt das Biebricher Museum, ein durch den Verkehrsverein liebevoll eingerichtetes Heimatmuseum, in dem man über all diese Dinge mehr erfahren kann.

Kein Wirtshausschild

Ein protestantisches Bollwerk

93

... am katholischen Rhein sollte sie werden, die Oranier-Gedächtniskirche in Biebrich, und ein bisschen sieht man das dem von Karl von Loehr entworfenen trutzigen neugotischen Bau auch an. Der Name erinnert an Wilhelm von Oranien, den Protestanten, der im 17. Jahrhundert die Niederlande von den katholischen Spaniern befreite. **Der Bau wurde durch das Kaiserpaar gefördert, das sich im Jahr der Weihe, 1905, ins Kirchenbuch eintrug.** Heute ist hier alles weniger martialisch, und die Kirche ist bekannt für regelmäßige Konzerte, wozu auch die Orgel, eine der Größten Wiesbadens, ihren Teil beiträgt.

Oranier-Gedächtniskirche
Wilhelm-Kopp-Straße 9
65203 Wiesbaden
Tel.: 0611 66881
(Gemeindebüro)
www.oraniergemeinde.de

Blickpunkt zum Gedächtnis des Oraniers

94 Geburtsort der „Meistersinger"

Wagner-Villa
Rheingaustraße 137
65203 Wiesbaden
(Besichtigung nur von außen)

… ist die Wagner-Villa in Biebrich nicht ganz, denn hier entstand nur ein Teil des Werks: das Libretto und Teile der Musik. 1862 hatte Richard Wagner in dem frisch errichteten Bau, der dem osmanischen Gesandten in Berlin gehörte, zwei Zimmer gemietet. **Dafür war sicher die schöne Lage am Rhein ein Motiv**, aber auch die Nähe zu den Theatern in Wiesbaden und Mainz und die Nähe zum Mainzer Verleger Schott, bei dem sich der Komponist zum Schreiben des Werks verpflichtet hatte. Wagner ging gern im Schlosspark spazieren und begegnete dort Großherzog Adolph, den er „sehr beschränkt aber gutartig" fand.

Gedenktafel an der Villa

Mitten im Rhein

95

Die Rettbergsaue ist eine der größten Rheininseln. Man kommt nur mit der Fähre „Tamara" von Biebrich oder Schierstein aus hin (da die Schiersteiner Brücke bis 2021 gesperrt ist), und das auch nur in der Saison. Auf der Fährfahrt hat man einen fantastischen Blick auf das Schloss Biebrich. Seinen Hund darf man nicht mitnehmen, denn Hunden ist der Zugang ebenso wie Autos verwehrt. Das ist auch gut so, denn **90 Prozent der Aue sind Naturschutzgebiet, vor allem der Vögel wegen**. Der Rest dient der Naherholung. Auf der idyllischen Insel gibt es Campingplätze und Sandstrände, baden kann man allerdings nicht.

Wiesbadener Personenschifffahrt
(Fähre Tamara)

www.tamara.rettbergsau.de

Ausflugsziel im Rhein

96 Mekka der ökologischen Landwirtschaft

Domäne Mechtildshausen
Mechtildshausen 1
65205 Wiesbaden
Tel.: 0611 7374614
www.domaene-mechtildshausen.de

Gegenüber dem Militärflughafen Erbenheim und dem Europa-Hauptquartier der US-Armee liegt eine Einrichtung, die auch schon das Interesse von Prince Charles fand, der sich für Bio-Landwirtschaft interessiert. Die Domäne Mechtildshausen, wo schon 1860 eine Musterlandwirtschaft eingerichtet wurde, wird heute nach ökologischen Prinzipien geführt, vom Anbau von 80 Gemüsesorten bis zur Zucht von Charolais-Rindern. **Die Lebensmittel kann man vor Ort kaufen**, außerdem gibt es ein Restaurant und ein Café. Die Domäne ist auch ein soziales Projekt – sie wird durch die Wiesbadener Jugendwerkstatt geführt.

Hort der Öko-Landwirtschaft

Kapelle am Wegekreuz

97

Eines der interessantesten kirchlichen Bauwerke Wiesbadens findet sich an ungewohntem Ort: in den Sonnenberger Streuobstwiesen. 2011 errichtete der Architekt Hans-Peter Gresser hier die von der „Stiftung Matthäus 7,12" finanzierte Feldkapelle. **Die Baufigur mache, so Gresser im Gespräch mit uns, „das Kreuz zum Thema"**, und das Material, Cortenstahl und Rost, verbinde Dauer mit Vergänglichkeit. Man muss die Kapelle gebeugt durch das Kreuz betreten und kommt dann zu einem Glaskubus, der so konzipiert ist, dass die Natur von allen Seiten in ihn einströmen kann. Abends ist er dezent beleuchtet.

Feldkapelle
Vor den Fichten 7
65193 Wiesbaden
www.stiftung-matth-7-12.de/html/feldkapelle

98 Ausflugslokal im Stil der Belle Époque

Neues Schützenhaus

Schützenhausweg 1
65195 Wiesbaden
Tel.: 0611 466436
www.neuesschuetzenhaus.de

Schon im frühen 20. Jahrhundert war Lärm ein Thema. Deshalb **verlegten die Wiesbadener Schützen 1911 ihr Vereinsgelände neben die damals weitab gelegene Fasanerie.** Das Gelände war geräumiger und das Vereinshaus ganz modern im Jugendstil. Nachdem es zeitweise abgerissen werden sollte, steht das schöne Haus mit dem idyllischen Gastgarten heute auch Nichtschützen offen. „Gekocht wird nur mit frischen, regionalen Produkten, ohne künstliche Zusätze", sagt die Inhaberin Martina Ramolla, die hessische Gerichte, Wild aber auch Veganes zubereitet. Es gibt Konzerte von Pop bis Folk und Benefizveranstaltungen.

Geschwungene Formen am Eingang

Mitten in den Weinbergen

99

Schon Goethe besuchte im Sommer 1815 dieses schön gelegene, große Gasthaus in den Weinbergen oberhalb von Frauenstein, dessen Geschichte bis in das 14. Jahrhundert zurückreicht. Er schrieb im Tagebuch: **„Mittag auf dem Hofe. Im Freyen schöne Aussicht."** Es gibt hier südhessische und deutsche Küche zu moderaten Preisen und wechselnde saisonale Angebote. Wein kann man vor Ort trinken und in Flaschen oder Kisten mitnehmen. Im Sommer sitzt man am besten im großen Gastgarten mitten in der Natur und lässt seinen Blick in die Umgebung schweifen. Von Mitte November bis Mitte Februar sind Betriebsferien.

Hof Nürnberg
Familie Becker
65201 Wiesbaden-Frauenstein
Tel.: 0611 421626
www.hof-nuernberg.de

Schon zu Goethes Zeiten beliebt

Sabine Gruber, Dr. phil., geb. 1967 in Wiesbaden, studierte Germanistik und Geschichte in Mainz und ist Literaturwissenschaftlerin an der Uni Tübingen. Nebenberuflich schreibt sie kulturgeschichtliche Texte und Reisetexte.

Ralph Zade, geb. 1966 in Bremen, studierte Jura in Göttingen, Paris und München und ist hauptberuflich Lektor in einem juristischen Fachverlag. Daneben hat er zahlreiche Sachbuch- und Lexikonbeiträge zum Thema Reise, Literatur und Politik verfasst.

Der Verlag und die Autoren freuen sich über Ihre Hinweise:
info@mitteldeutscherverlag.de

Fotografien: Sabine Gruber und Ralph Zade, außer: Evangelische Kirchengemeinde Naurod: S. 96; Gresser Architekten: S. 157; Hessischer Landtag/Kanzlei: S. 28; Hochschul- und Landesbibliothek RheinMain, Hochschule RheinMain: S. 110; Maciej Rusinek: S. 58; Wiesbaden Marketing GmbH/Christian Welzel: S. 86

Gesamtherstellung: Mitteldeutscher Verlag, Halle (Saale)

ISBN 978-3-96311-177-8

Printed in the EU